TANA S'ENGAGE
pour préserver l'environnement

- ◇ Impression en France sous le label Imprim'Vert®
- ◇ Papier issu de forêts gérées durablement
- ◇ Fabrication en circuit court
- ◇ Encres certifiées d'origine végétale
- ◇ Papier blanchi sans chlore ni dérivé de chlore
- ◇ Pelliculage des couvertures sans plastique

LA VIE, L'AMOUR, LA MORT

LE GRAND COÏT MOLÉCULAIRE

92, avenue de France
75013 Paris - France
tanaeditions@gmail.com

Direction éditoriale : Olivia Recasens
Édition : Émeline Martin
Correction : Valérie Tougard (agence éditoriale Paludes)
Couverture : Elsa Saunier (elsasaunier.fr)
Mise en pages : Nord Compo
Fabrication : Camille Friquet

Dépôt légal : janvier 2025
ISBN : 979-10-301-0610-7

Marcel Hibert

LA VIE, L'AMOUR, LA MORT

LE GRAND COÏT MOLÉCULAIRE

Tana
éditions

À Démocrite.

À Charles Baudelaire.

Aux poètes.

À la lectrice, au lecteur

La vie est belle, non ? Et la mort ?

D'où venons-nous ? Que sommes-nous ? Où allons-nous ? Bien avant Gauguin * et bien après lui, que l'on soit philosophe ou non, ces questionnements nous taraudent et les réponses que nous leur apportons (ou pas), consciemment (ou pas), mènent notre vie. Entre matérialisme et métaphysique, le chimiste que je suis (personne n'est parfait) vous propose de le suivre au-delà des limites de sa curiosité et de ses compétences, pour aborder ces questions au ras des molécules, les pieds ancrés dans la science et la tête dans les étoiles.

---

* *D'où venons-nous ? Que sommes-nous ? Où allons-nous ?* est une des œuvres phares du peintre Paul Gauguin (1897).

Cela vous tente ? Suivez-moi dans cette quête méta-chimique légère et joyeuse, tirons ensemble quelques fils de l'étoffe moléculaire dont sont faits nos vies et nos rêves.

1

Tout un poème

Une charogne[1]

Rappelez-vous l'objet que nous vîmes, mon âme,
Ce beau matin d'été si doux :
Au détour d'un sentier une charogne infâme
Sur un lit semé de cailloux,

Les jambes en l'air, comme une femme lubrique,
Brûlante et suant les poisons,
Ouvrait d'une façon nonchalante et cynique
Son ventre plein d'exhalaisons.

Le soleil rayonnait sur cette pourriture,
Comme afin de la cuire à point,
Et de rendre au centuple à la grande Nature
Tout ce qu'ensemble elle avait joint ;

Et le ciel regardait la carcasse superbe
Comme une fleur s'épanouir.
La puanteur était si forte, que sur l'herbe
Vous crûtes vous évanouir.

Les mouches bourdonnaient sur ce ventre putride,
D'où sortaient de noirs bataillons
De larves, qui coulaient comme un épais liquide
Le long de ces vivants haillons.

Tout cela descendait, montait comme une vague,
Ou s'élançait en pétillant ;
On eût dit que le corps, enflé d'un souffle vague,
Vivait en se multipliant.

Et ce monde rendait une étrange musique,
Comme l'eau courante et le vent,
Ou le grain qu'un vanneur d'un mouvement rythmique
Agite et tourne dans son van.

Les formes s'effaçaient et n'étaient plus qu'un rêve,
Une ébauche lente à venir,
Sur la toile oubliée, et que l'artiste achève
Seulement par le souvenir.

Derrière les rochers une chienne inquiète
Nous regardait d'un œil fâché,
Épiant le moment de reprendre au squelette
Le morceau qu'elle avait lâché.

– Et pourtant vous serez semblable à cette ordure,
À cette horrible infection,
Étoile de mes yeux, soleil de ma nature,
Vous, mon ange et ma passion !

Oui ! telle vous serez, ô la reine des grâces,
Après les derniers sacrements,
Quand vous irez, sous l'herbe et les floraisons grasses,
Moisir parmi les ossements.

Alors, ô ma beauté ! dites à la vermine
Qui vous mangera de baisers,
Que j'ai gardé la forme et l'essence divine
De mes amours décomposés !

L'inéluctable

Il suffit parfois de quelques mots, d'un syllogisme, d'un essai ou d'un roman pour poser le cadre d'une vie dont on ne se départira jamais. Pour moi, ce fut ce poème de Charles Baudelaire au titre fulgurant, « Une charogne ». Le très jeune lecteur que j'étais, un sourire aux lèvres et un peu éberlué, découvrait que la poésie n'était pas obligatoirement éthérée, mais qu'elle pouvait aussi se montrer narrative et « gore », se faire musique et parfum, image et action. En parcourant le début du poème, une petite délectation au spectacle de la décomposition animale vient honteusement chatouiller mon hypothalamus. Soudain, le sourire vacille et s'éteint avec la rupture du « *Et pourtant vous serez semblable à cette ordure*[2]... ». Me voilà tout à coup confronté à ma réalité organique, à ma finitude, aux fleurs et au mal, à la beauté, à l'amour et à la réalité des corps en vie et des corps en décomposition. Naître, vivre, aimer et être aimé, mourir, se décomposer. Surgir de la poussière et y retourner. Ce constat lucide ouvre brutalement pour moi la boîte de Pandore ; il soulève toutes les questions qui animent les hommes et les femmes depuis la nuit des temps et qui, certainement, les animeront toujours. Ne sommes-nous que matière ? Mon corps finira donc en putréfaction, déliquescence et puanteur ? Comment vivre avec une telle perspective ? La vie serait donc absurde ? La lutte vers les sommets suffit-elle vraiment à remplir le cœur de l'Homme[3] ? Sommes-nous les jouets d'un être suprême au-delà de notre matérialité palpable et biodégradable ? Qu'est-ce au juste que la mort et où m'entraîne-t-elle ? Et l'âme, qu'est-ce que l'âme ?

Ces quelques vers auront probablement forgé ma personnalité. Être à l'affût de la beauté du monde, regarder en face ses laideurs, s'émerveiller de sa matérialité, être lucide sur sa fragilité et sa finitude, ne pas fermer la porte au mystère. En somme, suivre le conseil de l'ami

Nietzsche et de son *Amor fati* : « *Ne pas se contenter de supporter l'inéluctable, [...] mais l'aimer*[4]. » En tant que chercheur j'ajouterais : essayer de le comprendre.

Le gai savoir

Je suis chimiste, de la sous-espèce des pharmaco-chimistes, pour être précis. Mon métier présente deux composantes : la première, en recherche fondamentale, consiste à tenter de comprendre certains des mécanismes moléculaires qui caractérisent le vivant ; la seconde, plus appliquée, vise à concevoir des molécules qui deviendront des médicaments, avec de la chance, du temps et de l'argent. Au cours de ces années de recherche, j'ai glané quelques compétences dans ma discipline, que je souhaite partager avec vous aussi simplement et joyeusement que possible, en abordant immodestement, par le tout petit bout de ma lorgnette de chimiste, trois questions vertigineuses : qu'est-ce que la vie ? Qu'est-ce que l'amour ? Qu'est-ce que la mort ? Rien que ça. *What else?*

La science n'est pas en mesure d'expliquer le monde, encore moins la vie. Bien que de nature moléculaire, la vie, l'amour et la mort sont d'une complexité à jamais, je crois, indéchiffrable. Voilà qui devrait tous nous rassurer. Il subsistera toujours une part de mystère pour laisser libre cours à nos spéculations et donner une raison d'être aux métaphysiciens en quête de sens. Doit-on pour autant brider notre curiosité, renoncer à tirer quelques fils d'Ariane pour faire progresser la connaissance et l'action ? Renoncer à allumer des petites bougies dans l'immensité noirâtre de l'Univers ? Ce serait rendre les armes à l'obscurantisme, Dieu ou Nietzsche nous en préservent !

2

Est-ce ainsi que les hommes vivent[5] ?

Vous, oui, vous qui me lisez, savez-vous que vous êtes un gros tas de molécules ? Moi aussi, ainsi que tous nos compagnons de route, tout être vivant sur cette planète et peut-être au-delà. Des molécules, vous en respirez, vous en buvez, vous en mangez. Vous en expirez, pissez, déféquez, crachez, pleurez, mouchez, transpirez, desquamez, saignez. Entre-temps, toutes ces molécules agglomérées momentanément, c'est vous, c'est ce *que* vous êtes, et peut-être aussi *qui* vous êtes. Ça vous intéresse ? Ça vous choque ? Pas d'inquiétude, vous n'en êtes pas moins mystérieux, respectable et magnifique.

Si vous prenez soin de vous, de votre corps, de votre santé, vous vous examinez probablement chaque jour dans le miroir pour jeter un œil inquiet à votre grain de peau, vous lisez attentivement les étiquettes de vos produits bios et faites du sport une heure par jour pour gagner un an de vie en Ehpad. En gros, vous avez une approche macroscopique et très humaine de vous-même. Mais pourquoi ne pas aller un peu plus loin et vous intéresser à la matière dont votre corps est fait ? Le VRP en ustensiles de cuisine, en bon professionnel, est capable de décrire le Téflon qui tapisse le fond de ses poêles antiadhésives. Le vendeur d'autos saura vous parler du moteur à injection, des avantages du système hybride et du cuir pleine fleur des sièges. Que savez-vous de vos propres composants moléculaires et des mécanismes qui gouvernent votre vie ? Si vous le voulez, et si vous avez un peu oublié vos connaissances scolaires en chimie, je vous propose de commencer au plus bas de l'échelle de taille, à hauteur d'atomes, et de remonter progressivement, autant qu'on puisse le faire, jusqu'à votre corps objectif et quelques-unes des émotions qui le gouvernent.

Les atomes, c'est comme des pièces de Lego

Tout n'est fait que d'atomes et de vide, nous dit Démocrite dès 430 avant Jésus-Christ ; de molécules et de vide, vous précise Marcel H, sans complexe. Doit-on les croire ? Oui et non.

Il faut avouer que le philosophe abdéritain*, en tout cas à ce qu'en ont dit ses successeurs, a fait preuve d'une intelligence extraordinaire. Sans instruments sophistiqués, par simple observation de la nature qui l'entourait[6], il déduisit que toute matière, quel que soit son état, solide, liquide, gazeux, inerte ou vivante, pouvait être coupée en morceaux de plus en plus petits, jusqu'à atteindre un nombre limité de particules différentes, insécables. Il leur donna en conséquence le nom d'*atomes*, du grec *atomos*, « qui ne peut être coupé ». Ces atomes ont depuis été identifiés. On en dénombre 118 types différents dans notre monde, regroupés et classés pour la première fois par Dmitri Mendeleïev en 1869. On connaît tous le nom des éléments les plus courants : hydrogène, hélium, carbone, oxygène, azote, soufre, fluor, chlore, brome, iode, sodium, potassium, calcium, fer, cuivre, zinc, etc. Je ne peux résister au plaisir de vous en citer quelques autres, moins connus car inspirés des planètes – mercure, uranium, plutonium –, ou rendant hommage à quelque scientifique méritant – einsteinium, mendelevium, copernicium –, ou encore,

* Les Abdéritains ou école d'Abdère renvoient à un mouvement philosophique, né dans la cité maritime d'Abdère, au début de l'époque classique. Ce mouvement est lancé notamment par Démocrite, le fondateur de l'atomisme.

parfois, fruits de batailles géopolitiques - francium, polonium, californium, moscovium. Enfin, en tant que Français, j'ai une certaine tendresse ironique pour le bismuth... Bon, voilà qui est un peu téléphoné, soyons sérieux et politiquement corrects*.

Selon Démocrite, toute matière serait donc un assemblage de ces éléments. Restait à expliquer comment la matière pouvait tantôt être fluide, tantôt se déplacer, voire changer de texture, en passant par exemple de la glace solide à l'eau liquide, puis de ce liquide à la vapeur gazeuse. C'est pour cela qu'Épicure a prolongé le raisonnement en introduisant la notion de vide et celle de *clinamen* : la possibilité pour les atomes de dévier de leur trajectoire dans cet espace vacant, et ainsi de s'entrechoquer, de se regrouper, de se séparer, et de donner lieu aux phénomènes physiques que l'on observe. Peu avant Démocrite, toujours en Grèce, Leucippe avait déjà échafaudé les bases de cette théorie atomiste. Après Épicure, Lucrèce est venu consolider l'ensemble dans son *De rerum natura,* vers le Ier siècle de notre ère[7], et ainsi asseoir une longue tradition de

---

* Là aussi pour les Martiens, je précise : l'affaire Bismuth est le nom d'emprunt désormais célèbre car utilisé en 2014 par Nicolas Sarkozy dans une affaire d'écoutes téléphoniques qui a fini en justice.

philosophie et d'approche scientifique matérialiste, jusqu'à nos jours. Nous avons tendance à nous focaliser sur le monde occidental ; or, sans doute avant les Grecs, les penseurs hindous avaient eux aussi échafaudé une vision atomiste du monde, qui constitue un des piliers du bouddhisme. Mais, comme d'habitude, détournons les yeux de cette antériorité qui vient blesser notre ego.

Tout ne serait donc fait que d'atomes et de vide. Forts de ce constat, Démocrite prit le parti d'en rire, Épicure, celui de jouir prudemment du présent, Lucrèce, de se donner la mort. Camus, fort de son instinct vital méditerranéen, préféra au suicide la lutte vers les sommets, sur les épaules de Sisyphe. Chacun sa vie, chacun son destin.

Est-ce que tout est aussi simple ? Évidemment, non. En fait, les atomes plaident coupables et le vide est plein de je-ne-sais-quoi et de presque-rien[8]. En effet, la science contemporaine est progressivement venue remettre en question ces vérités sur lesquelles s'est construite notre vision de la matière depuis plus de deux mille ans. En y regardant de plus près, on considère aujourd'hui que les atomes peuvent non seulement être fusionnés ou « fissionnés », transformés en atomes différents, plus lourds ou plus légers, dans nos centrales nucléaires ou nos bombes à hydrogène, mais également qu'il existe un nombre croissant de particules plus élémentaires que nos 118 différentes pièces de Lego. On sait depuis le début du XXe siècle que l'atome est constitué de protons, de neutrons et d'électrons. Les deux premiers sont eux-mêmes décomposables en éléments plus petits, notamment des quarks. On a aussi découvert l'existence de particules produites par les phénomènes de rayonnement et de dispersion, tels que les photons, les neutrinos, et les muons. Le vide, quant à lui, ne serait plus ce qu'il était. Il serait tapissé de bosons de Higgs, surnommés « les particules de Dieu » ! C'est là que le chimiste doit décrocher et laisser la place aux physiciens, voire aux métaphysiciens. Je vous renvoie, pour en savoir plus, aux excellents ouvrages de médiation scientifique d'Étienne Klein[9, 10] – mais ne vous égarez pas dans les *Particules élémentaires* de Michel Houellebecq, qui n'ont rien à voir avec tout ça[11].

Il me semble qu'aborder à l'échelle subatomique les questions qui nous intéressent ici et maintenant (la vie, l'amour, la mort) serait trop ambitieux, en tout cas largement hors de portée de mes compétences. Pas seulement des miennes, d'ailleurs. Pendant des siècles, nos ancêtres chercheurs ont étudié ces questions en décortiquant des cadavres animaux et humains pour comprendre la nature et la fonction de leurs différents composants. La vision de l'homme était alors organique. Avec le développement du microscope, le vivant a pu être étudié au niveau cellulaire, avec les progrès que l'on sait. Depuis la fin du XXe siècle et les avancées de la biologie moléculaire et structurale, on aborde désormais le vivant à l'échelle de la molécule. Avant la cuisine, l'homme est devenu moléculaire. Voyons cela.

La chimie fait souvent un peu peur car les objets auxquels elle s'intéresse ne sont pas visibles individuellement, à l'œil nu ou au microscope. On ne conçoit bien que ce que l'on visualise bien, et l'abstraction effraie. Or il n'y a rien de plus concret que la chimie, ce n'est qu'une question d'échelle. En fait, cette science peut être très simple à appréhender si l'on s'en tient à une description assez mécanique de ses éléments et des règles qui gouvernent leur assemblage. Si vous avez déjà joué aux Lego ou à Tetris dans votre enfance, vous n'aurez aucun problème à me suivre.

Reprenons nos 118 atomes, soit 118 types de pièces de Lego différents. Pas de panique, nous nous limiterons ici aux quatre atomes rencontrés le plus fréquemment dans le monde du vivant : carbone, hydrogène, oxygène et azote. À quoi ressemblent ces objets ? Nous allons faire simple et un peu caricatural, qu'Antoine Lavoisier et Niels Bohr me pardonnent. Imaginez tout simplement des billes, des sphères de tailles différentes. Au cœur, un noyau, comme dans une olive, constitué d'un agglomérat de particules, des neutrons et des protons, entouré d'une à sept couches d'électrons selon les atomes. Ces électrons sont caractérisés par une charge électrique négative (comme le pôle « - » d'une pile) et se déplacent à une vitesse considérable, d'environ 2 000 kilomètres par seconde ! L'atome d'hydrogène, le plus petit, possède un neutron et un proton dans son noyau, avec un seul électron qui tourne autour. L'atome suivant, l'hélium, possède quant à lui deux neutrons, deux protons et deux électrons. Le carbone possède six neutrons, six protons et six électrons, et ainsi de suite jusqu'à 118. Le diamètre de la petite bille d'hydrogène est de $1{,}06.10^{-10}$ mètres. Autrement dit, mises côte à côte, il en faudrait 1 000 milliards alignées comme au défilé pour couvrir un seul centimètre. Le carbone étant un peu plus gros ($1{,}4.10^{-10}$ mètres), il en faudrait *seulement* 740 milliards pour s'aligner sur cette même longueur.

Voilà donc votre sac de billes microscopiques, les constituants de base à partir desquels vous allez pouvoir reconstruire votre monde, en un peu plus de six jours.

Des molécules à l'apéro

Avant de jouer, préparons l'apéro. Allez de ce pas acheter quelques boîtes de cubes apéritifs au fromage fondu, des olives dénoyautées (de Kalamáta, en Crête, les meilleures) et une boîte de cure-dents. Pour les cubes apéritifs, prenez-en des natures, mais aussi une boîte ou deux d'assortiment aux goûts variés : tomate, bleu d'Auvergne, pistache. Préparez-vous également un verre de mojito, cela nous servira plus tard. Installez-vous confortablement, et en avant pour une première leçon de petit chimiste.

À partir de cet instant, considérez que les cubes apéritifs sont des atomes : ceux au parfum nature seront des atomes de carbone, ceux à la tomate figureront l'oxygène, classiquement représenté en rouge, et ceux au bleu d'Auvergne seront nos atomes d'azote, généralement en bleu.

Nous prendrons les olives pour représenter les atomes d'hydrogène. Vous voilà paré avec votre kit de base.

Ce que je ne vous ai pas encore dit, c'est que les atomes peuvent se lier les uns aux autres pour former des molécules. Pas n'importe comment et pas avec n'importe qui ! Cela va dépendre du nombre d'électrons *célibataires* qui tournent désespérément à leur surface. Eh oui, ces électrons n'ont qu'une envie, c'est de vivre en couple, pour gagner un peu en stabilité. Ils cherchent donc à se mettre à la colle avec un électron célibataire porté par un autre atome qui passerait dans le coin, pour former une liaison relativement stable, un lien entre deux atomes crochus. L'hydrogène n'a qu'un électron et ne pourra donc se lier qu'avec un seul autre atome. L'oxygène pourra avoir deux liaisons, l'azote trois et le carbone quatre. Nous matérialiserons ces liaisons à l'aide de nos cure-dents...

Commençons par construire une molécule d'eau, de formule H_2O, soit un atome d'oxygène, « O », et deux d'hydrogène, « H ». Prenez un cube apéritif à la tomate-oxygène, plantez-y deux cure-dents faisant en gros un angle de 120°, piquez une olive d'hydrogène au bout resté libre de chacun des deux cure-dents : vous avez construit une représentation comestible assez fidèle d'une molécule d'eau ! Avec un grossissement d'environ 200 millions de fois. Passons maintenant aux choses sérieuses... l'alcool. Prenez deux cubes de carbone (nature) et reliez-les par une liaison (un cure-dent). Chaque carbone peut avoir jusqu'à quatre liaisons, donc rajoutez trois cure-dents à chaque cube en les faisant pointer vers des directions aussi éloignées que possible (vers les coins d'un tétraèdre). Piquez trois olives d'hydrogène sur les pics d'un des carbones, deux sur l'autre. Si vous ne vous êtes pas trompé, il reste un pic libre. Placez-y un Apéricube à la tomate, un oxygène. Vous vous rappelez que l'oxygène peut faire deux liaisons, comme dans la molécule d'eau ? Il vous reste donc à y planter un pic et une olive. Vous avez sous les yeux un modèle de la molécule d'éthanol. Vous voilà chimiste et apprenti sorcier ! Maintenant, vous pouvez laisser libre cours à votre imagination, vous voyez qu'à partir de quatre jeux d'atomes différents, on peut obtenir un nombre de combinaisons infini. Il suffit de respecter le nombre de liaisons autorisé pour chaque type et leur orientation. Vous n'êtes limité que par le nombre d'apéricubes et de cure-dents.

Allons quand même un peu plus loin. Chaque liaison simple se comporte en fait comme un axe de rotation, à la manière d'un essieu entre deux roues. La molécule reçoit, comme tout ce qui existe dans l'univers au-dessus de zéro degré Kelvin, une quantité d'énergie qu'elle dissipe comme elle le peut, par exemple en rayonnant de la chaleur ou en s'agitant. En l'occurrence, une partie de cette énergie entraîne chez les atomes un mouvement de rotation autour de l'axe qui les relie. Faites-en l'expérience avec vos modèles apéritifs : faites tourner par exemple les deux atomes de carbone de la molécule d'éthanol autour du cure-dent qui les relie, à la manière de deux petits ventilateurs. Cela reflète là encore une certaine réalité : les molécules se contorsionnent dans tous les sens par le jeu des rotations autour de leurs liaisons simples, et peuvent de ce fait adopter de multiples géométries, encore appelées « conformations ».

Parfois, certains atomes pourront nouer deux ou trois liaisons avec le même voisin, histoire de renforcer le lien. À quoi cela ressemble-t-il ? Prenez deux Apéricube et reliez-les par deux ou trois cure-dents parallèles. Vous obtiendrez alors ce qu'on appelle une liaison double ou une liaison triple, et observez : la rotation n'est plus possible. Ces liaisons apportent de la force et de la rigidité à la molécule. Par exemple, l'association de deux atomes de carbone par une liaison double conduit à l'éthylène et par une liaison triple à l'acétylène, une fois que l'on a complété les structures par des atomes d'hydrogène sur les positions restantes.

Dernier point et je vous laisse tranquille : sur une molécule, les différents atomes seront plus ou moins riches en électrons disponibles, ce qui peut conduire à une répartition inégale de la charge électrique. Dans ce cas, il se forme ce qu'on appelle un dipôle électrique. En d'autres termes, la molécule n'est pas qu'une forme mouvante, c'est aussi un petit aimant avec son potentiel électrostatique qui va conditionner son interaction avec ses voisins.

Les « Apéri-cules » sont pratiques pour se figurer à notre échelle les formes et caprices de ces objets infiniment petits. Mais comment fait-on pour représenter simplement des objets qui peuvent devenir complexes ? Nous autres chimistes avons inventé pour cela un langage universel alphanumérique (convention Iupac[12], pour *International Union of Pure and Applied Chemistry*) pour que toute molécule soit nommée de manière univoque et identique partout sur la planète. On a même élaboré un mode de représentation graphique, pour pouvoir dessiner ces objets sans ambiguïté et de manière assez simple, proche de leur forme réelle. Si vous êtes capable de dessiner la molécule d'éthanol et de la présenter à un barman connaissant un peu la chimie, il devrait vous servir un verre d'alcool n'importe où dans le monde. En chimie dite « organique », les atomes d'oxygène, d'azote, de soufre, etc., sont représentés par leur lettre symbole, respectivement O, N et S. Les liaisons entre atomes sont représentées par des traits : un pour une liaison simple, deux ou trois pour les liaisons double ou triple. Le carbone étant omniprésent et formant le squelette des molécules organiques, il ne sera généralement pas représenté par la lettre C, mais considéré par défaut comme présent à chaque extrémité de liaison si aucun autre atome n'y est indiqué par son symbole. Les atomes d'hydrogène, enfin, ne seront pas représentés du tout sur le carbone sauf si nécessaire, car on considère qu'ils sont là chaque fois qu'il faut compléter le nombre de liaisons, soit quatre en tout.

Ça y est, vous maîtrisez toutes les règles de base de la chimie structurale et peut-être même vous connaissez-vous déjà un peu mieux. Sentez-vous tous ces atomes et toutes ces molécules qui frétillent en vous ?

Apéro pour fêter ça ?

Le mojito, c'est de la chimie

L'avantage des modèles moléculaires à base d'Apéricube et d'olives, c'est qu'ils sont comestibles. Autorisez-vous une pause gourmande avant de poursuivre avec moi vers d'autres explorations de votre corps moléculaire. Et si on testait d'abord vos nouvelles compétences en plongeant dans votre verre de mojito ? Le mojito, c'est de l'eau, de l'alcool, du sucre, du citron, de la menthe et quelques autres parfums. Tout ça, c'est de la chimie, évidemment. De l'H_2O, de l'éthanol, du glucose, de l'acide citrique, du menthol et diverses autres molécules d'origine plus ou moins naturelle. Vous êtes désormais capable de comprendre leur structure, malgré les noms plus ou moins barbares listés en tout petits caractères sur les emballages. Et dites-vous que vous avalez en gros un million de milliards de milliards de ces molécules par litre de mojito !

Encore soif ?

Revenons à ce qui vous intéresse le plus : vous. Combien d'atomes y a-t-il dans votre corps ? Environ sept milliards de milliards de milliards ($7x10^{27}$). Combien de molécules ? Pas facile à dire, leurs tailles étant très variées, mais on peut estimer leur nombre à 270 millions de milliards de milliards ($270x10^{24}$), dont 90 % de molécules d'eau. Combien de vide ? On n'en sait rien ; en plus, ce vide est plein de bosons, alors...

Je ne vais pas dresser ici un catalogue exhaustif de vos constituants moléculaires, comme pour le mojito ; contentons-nous de décrire simplement les cinq ou six grandes familles qui vous animent pour vous donner une idée de leur forme et de leur fonction. Des petits fragments de vous-même...

La nature casse les briques

Commençons par un ingrédient clé de la recette de la vie : les protéines. Imaginez que ce sont les chefs d'orchestre de votre corps, jouant une symphonie moléculaire. Mais avant de parler de musique, jetons un œil aux instruments eux-mêmes : les acides alpha-aminés. Voyez-les comme des Lego moléculaires. Il en existe exactement 20 variétés différentes dans notre corps. Chaque acide aminé possède une structure de base : un atome de carbone portant une fonction acide (-COOH), une fonction amine (-NH_2 ou -NH) et une chaîne latérale variable. Voici la magie : l'acide et l'amine peuvent se lier, formant ce qu'on appelle une « liaison amide ». Imaginez-vous en tant qu'acide aminé, vous tenant par la main avec vos voisins pour former une longue chaîne. En unissant votre main gauche à celle du voisin de gauche et votre main droite à celle du voisin de droite, vous créez une chaîne continue. La nature s'est ainsi amusée à créer des chaînes de deux à plusieurs centaines d'acides aminés, avec une infinité de combinaisons possibles de ces 20 types de briques élémentaires.

Pour les chaînes courtes, disons jusqu'à une vingtaine d'acides aminés, les molécules restent flexibles et gigotent comme des bracelets de perles : ce sont les peptides. Au-delà, la chaîne devient assez longue pour se replier sur elle-même et former des structures plus stables et définies : bienvenue dans le monde des protéines. Imaginez des colliers de perles repliés selon des formes patatoïdes variées, avec des trous, des creux et des bosses. Une cellule humaine contient en moyenne 10 000 types de protéines différents, chacun d'eux comptant entre 100 et 10 millions d'exemplaires, et accomplissant une multitude de fonctions biologiques. Malgré cette diversité, on peut regrouper ces fonctions en quatre catégories élémentaires. Oui, seulement quatre. Les peptides, quant à eux, vivent leur vie et régulent la nôtre en tant que neurotransmetteurs, hormones ou métabolites. Ces molécules sont synthétisées par notre propre corps, dans nos cellules, à partir de notre ADN. Nous verrons bientôt comment. Patience.

Tout sucre !

Abordons à présent un autre groupe de molécules du vivant : les glucides. Par abus de langage, ces molécules sont parfois nommées « sucres », car le sucre de table qui nous est familier, le glucose, est le représentant le plus connu de cette famille. Les chimistes parlent plus volontiers d'« oses ». Imaginez-les comme des petites structures pouvant s'assembler pour former de longues chaînes ou des réseaux tridimensionnels complexes. Prenons le glucose, par exemple, avec sa structure cyclique hexagonale : cinq atomes de carbone et un d'oxygène, décorés de groupes OH ou CH_2OH. Le ribose, une brique essentielle de l'ADN et de l'ARN, possède une structure cyclique similaire avec quatre atomes de carbone et un d'oxygène. La diversité des glucides est immense et leurs noms se terminent souvent en « -ose » : glucose, fructose, mannose, etc. Contrairement aux acides aminés, qui ne peuvent s'accrocher à leurs voisins que par deux positions, les glucides peuvent établir des liaisons stables avec deux ou trois partenaires pour former des *osides*. Cela peut produire de très longues chaînes, comme les fibres de cellulose du bois ou du coton, ou des structures réticulées en trois dimensions, comme des gels de pectine de votre gelée de coings ou de l'amidon. Ces molécules sont dites « hydrophiles », c'est-à-dire qu'elles adorent l'eau et peuvent en retenir comme une éponge. Dans votre corps, elles remplissent des rôles variés : éléments de structure, réserves d'énergie, systèmes de transport et d'adressage de protéines. Respect !

Hélices au pays des merveilles

Imaginez maintenant un escalier en colimaçon. Voilà à quoi ressemblent vos acides nucléiques, ces fameuses molécules d'ADN et d'ARN. L'ADN, ou acide désoxyribonucléique, est en fait constitué de deux brins linéaires très longs, appariés tête-bêche et formant une double hélice, un peu comme l'escalier du château de Chambord. Les bords de cet escalier sont faits de glucides, les désoxyriboses, liés entre eux par des groupes phosphates. Les marches, quant à elles, sont formées par quatre bases : l'adénine, la guanine, la thymine et la cytosine, reliées réversiblement à leurs bases complémentaires.

Avec environ 3 300 millions de marches, notre ADN atteint une longueur totale d'environ deux mètres par cellule, tout cela replié dans un noyau de six millièmes de millimètre de diamètre. Seul 1 % de ces marches constitue nos 20 000 gènes, les recettes pour fabriquer nos protéines. L'ADN, réparti en 23 paires de chromosomes, est le support de notre hérédité et encode une grande partie de nos vies. Merci, Papa et Maman !

Dans sa forme la plus connue, l'ARN, ou acide ribonucléique, est quant à lui le messager qui transporte et interprète l'information génétique de l'ADN. Il joue un rôle clé dans l'exécution des instructions codées par l'ADN. Pour les plus curieux, retenez simplement qu'il existe plusieurs types d'ARN qui travaillent silencieusement dans chacune de vos jolies cellules pour vous maintenir en vie.

Le gras, c'est la vie !

Enfin, parlons des lipides, plus simples à décrire que les glucides... à condition de rester encore une fois assez caricatural, sans quoi je risque de vous devenir antipathique. Ces molécules, riches en atomes de carbone, détestent l'eau. Les lipides les plus courants, les acides gras, sont de longues chaînes de 10 à 20 atomes de carbone terminées par une fonction acide (-COOH). La tête acide aime l'eau, contrairement à la chaîne carbonée qui préfère se blottir contre ses voisines pour éviter tout contact avec elle. Ce comportement a permis à la nature de créer une multitude de lipides avec des parties hydrophobes et hydrophiles variées. Vous connaissez des tas de substances dérivant de lipides. Par exemple le savon, l'huile de table, le beurre et la crème fraîche, ou encore le cholestérol que vous accumulez dans vos artères. Mais aussi les phospholipides qui composent les membranes de vos petites cellules, grises, transparentes ou bronzées. Comme quoi, la vie, c'est aussi le gras[13].

Petites molécules diverses et variées

Acides nucléiques, protéines, glucides, lipides sont les quatre mamelles du vivant. Mais il existe une multitude d'autres composants nécessaires à la vie sur Terre, et à la vôtre en particulier. Citons par exemple les ions, petits atomes ou groupes d'atomes chargés électriquement, comme le sodium, le potassium, le calcium (cations, de charge électrique *positive*), le chlore, le fluor ou l'iode (anions, de charge électrique *négative*). Ces ions contribuent à la structure de notre squelette, à la vie de nos cellules, à la stabilité et à l'activité de nos protéines, et à la transmission des influx électriques le long de nos neurones. Petits mais costauds !

Parmi les plus élaborées, on trouve les nutriments, métabolites, vitamines, mais aussi les hormones et neurotransmetteurs qui servent à transporter une information d'un point du corps à un autre. Ces deux points peuvent être très proches, de part et d'autre de l'espace qui sépare des cellules nerveuses, ou un neurone et une cellule tissulaire. On nomme alors ce messager moléculaire neurotransmetteur. Lorsque ces points sont plus distants, le messager est secrété par une glande ou un tissu et atteint généralement son organe cible par diffusion dans la circulation sanguine. On l'appelle alors hormone. Leurs structures peuvent être très diverses et couvrir la gamme des fantaisies de la chimie organique. Par exemple : insuline, ocytocine, hormones thyroïdiennes, testostérone, œstrogènes, cortisol... sont des hormones. Pour les neurotransmetteurs, vous avez sûrement déjà entendu parler d'adrénaline, de dopamine, de sérotonine... Certaines molécules assurent les deux rôles, comme l'ocytocine qui déclenche les accouchements en tant qu'hormone et régule les interactions sociales en tant que neurotransmetteur. Trop forte !

Voilà, vous avez désormais un aperçu d'une grande partie des molécules dont vous êtes constitué. Vous regardez-vous différemment dans le miroir ? À ce propos, j'ai encore une chose importante à vous dire : vous n'êtes pas celle ou celui que vous croyez.

Miroir, mon beau miroir

Si vous n'êtes pas adepte de la vidéo ou du selfie, l'image que vous avez de vous-même est celle que vous contemplez ou examinez dans le miroir depuis votre enfance. Or ce visage que vous pensez bien connaître... n'est pas le vôtre. Regardez bien, le grain de beauté que vous avez sur la joue droite, la personne dans le miroir vous le présente sur la joue gauche ! La montre que vous portez au poignet gauche, l'homme ou la femme dans le miroir en face de vous la porte à la main droite ! Il existe donc, pour tout objet asymétrique, une image en miroir qui ne lui est pas superposable. Elle contient les mêmes éléments, mais n'est pas identique. On retrouve cela même sans miroir, partout autour de nous, à commencer par nos mains. Regardez, elles sont identiques, cinq doigts dont le pouce qui est opposable aux autres, mais elles ne sont pas interchangeables. Vous n'arriverez pas à glisser parfaitement une main droite dans le gant de la main gauche.

C'est un chimiste alsacien, Joseph Achille Le Bel, qui a compris en 1874 que cette propriété, appelée « chiralité », pouvait s'appliquer aussi aux atomes et aux molécules. Reprenez vos Apéricube et vos cure-dents. Construisez un atome de carbone avec ses quatre liaisons en tétraèdre. Piquez sur les cure-dents quatre « atomes » différents, par exemple un hydrogène, un oxygène, un azote et un carbone. Placez le tout face à un miroir et examinez l'image que vous y voyez. Les deux constructions semblent identiques, mais au premier abord seulement, car, comme vos mains, vous n'arriverez pas tout à fait à les superposer : deux des branches seront toujours interchangées. Vous venez de construire une Vache qui rit asymétrique ! Ces deux entités, l'objet et celui correspondant à son image dans un miroir, sont *chirales* et appelées *énantiomères*.

Pourquoi est-ce que je vous parle de ça ? Eh bien, parce que cette chiralité joue un rôle primordial dans les molécules du vivant. Pratiquement toutes les molécules que j'ai déjà évoquées contiennent des atomes de carbone asymétriques, et sont donc chirales. D'un point de vue strictement statistique et énergétique, il n'y a aucune raison pour qu'il n'existe pas dans la nature autant d'un énantiomère que de l'autre, puisque leurs compositions chimiques sont identiques et que seule leur distribution dans l'espace les distingue. Il devrait y avoir autant de mains droites que de mains gauches. Pourtant, ce n'est pas le cas ! C'est comme si on ne trouvait sur la Terre que des molécules « mains-gauches ». Toutes les molécules chirales du vivant, des végétaux, des animaux, des humains, semblent dériver d'un ancêtre moléculaire commun correspondant à un seul des deux énantiomères possibles. Où est passé l'autre ? Pourquoi n'existe-t-il pas sur notre planète les deux formes possibles d'un acide aminé ? D'un glucide ? D'un ADN ? Pour les amateurs de science-fiction, si l'on considère que le monde est né d'un big bang, d'une explosion ponctuelle dans un espace sans contraintes, il faut supposer que l'énergie et la matière se sont dispersées de manière équivalente dans toutes les directions. Existe-t-il une planète, image-miroir de la nôtre, située de l'autre côté de ce point zéro, où des hélices d'ADN inversées et des composants moléculaires symétriques aux nôtres composent un monde vivant alternatif ? Voilà une question de plus pour occuper les scientifiques pendant quelques millénaires.

Revenons sur Terre, et plus prosaïquement à ces molécules chirales qui nous composent. Nous allons maintenant nous intéresser aux processus de reconnaissance moléculaire, et vous constaterez que la nature ne glisse effectivement pas sa main droite dans le gant de la main gauche.

Coït moléculaire !

Coït, du latin *coitus*, « action de se réunir ».

Vous savez désormais que vous n'êtes pas qu'un tas informe et chaotique de molécules, tout cela a une forme, celle de vos cellules, de vos organes, de votre corps, et assure toutes les fonctions qui font de vous un être vivant. Par quel miracle ? Toute fonction physiologique, à notre échelle, est évidemment d'une extraordinaire complexité et résulte d'une cascade ou d'un réseau de très nombreuses fonctions biologiques plus simples à l'échelle moléculaire. Je vais oser classer ces fonctions moléculaires élémentaires en seulement quatre familles, toutes articulées autour du même processus d'accouplement moléculaire.

Une molécule en elle-même, isolée, n'a pas de fonction particulière, elle se promène sans conséquences pour elle-même et son environnement. Si deux molécules ou des millions de molécules cohabitent dans un même espace, elles vont s'agiter en tous sens pour dissiper l'énergie thermique qui leur parvient sous l'effet de la température ambiante. Elles se déplacent en mouvement dit « brownien », se heurtent aux voisines, ricochent et tracent leur route, sans coordination. Là encore, cela n'induit pas de fonction particulière. En revanche, au hasard des rencontres ou sous l'effet d'attractions électromagnétiques, deux molécules peuvent se croiser, aligner leurs dipôles à la manière de deux petits aimants, s'accoler ou s'emboîter suffisamment longtemps pour conférer à leur couple une fonction ; dans le cas qui nous intéresse, une fonction biologique élémentaire. Selon moi, elles sont au nombre de quatre seulement : reconnaissance, catalyse, transport et architecture. Voyons cela.

Comme un jeu de construction

Il existe dans votre organisme de nombreuses molécules dont les formes concaves ou convexes et les caractéristiques physico-chimiques leur permettent de s'accoler pour une fraction de seconde ou plus, voire de s'emboîter à la manière de deux pièces de Lego (décidément, on y revient), d'une clé dans une serrure ou, avec plus de souplesse, d'une main dans un gant. Elles forment ainsi ce que l'on appelle un « complexe moléculaire, ou supramoléculaire[14] ». Ce phénomène d'emboîtement peut suffire à déclencher, par effet domino, une cascade d'autres interactions entre molécules, qui se traduiront par une fonction biologique plus complexe. Un exemple serait bienvenu ? Très bien.

Vous vous promenez tranquillement dans la rue, le cœur et le pied légers. Un chien surgit et semble vouloir vous agresser, tous crocs dehors. Votre corps se tend, en alerte, et votre cœur bat la chamade pour sur-oxygéner votre cerveau et vos muscles afin d'optimiser votre réactivité. Ce cœur s'emballe sous l'effet d'un neurotransmetteur, l'adrénaline. En un millième de seconde, des molécules d'adrénaline sont libérées par certains de vos neurones et viennent se fixer sur une protéine, appelée « récepteur β1 de l'adrénaline », située juste en face sur les cellules cardiaques. Ce simple événement de reconnaissance et d'emboîtement suscite, par effet domino, toute une série d'autres interactions moléculaires qui aboutissent à la contraction de vos cellules cardiaques et à celle du cœur lui-même. Tous les neurotransmetteurs et toutes les hormones agissent ainsi en transmettant chimiquement leur message par simple fixation sur une protéine spécifique, leur récepteur. Ce « coït moléculaire », dont la fonction biologique résulte d'un emboîtement, représente donc un premier mode de fonctionnement élémentaire de notre organisme.

Une enzyme entremetteuse

Dans votre corps, des protéines ; nombre d'entre elles sont appelées des « enzymes ». Elles aussi ont le pouvoir de s'associer très spécifiquement avec d'autres molécules (appelées « substrats »). Nous avons affaire au même processus de reconnaissance moléculaire que précédemment, à ceci près que, lorsque les partenaires sont emboîtés, un phénomène supplémentaire se produit, une réaction chimique[15]. Ces enzymes accueillent en fait souvent deux substrats différents, chacun dans sa cavité, à proximité immédiate l'un de l'autre, afin d'en faciliter l'interaction et la réaction chimique qui transformera ces substrats en molécules différentes, que l'on nommera les « produits ». L'enzyme ne sera que l'entremetteuse et sortira intacte de cet accouplement, prête à recommencer avec un autre couple, et ce jusqu'à quelques milliards de fois par seconde. Parfois, d'autres partenaires viennent se joindre à la partie en occupant d'autres cavités de l'enzyme. Ils apportent par exemple de l'énergie ou servent d'interrupteur ou de régulateur à cette activité enzymatique. C'est notamment la fonction assurée par certaines vitamines. Ces catalyseurs sont essentiels car ils permettent de réaliser très efficacement, dans l'eau et à la température du corps humain, des réactions très spécifiques qu'un chimiste ne saurait reproduire dans son laboratoire. Cette chimie biologique permet au corps de produire les molécules dont il a besoin et de se débarrasser de celles dont il n'a plus l'utilité, voire de celles qui pourraient devenir toxiques par accumulation excessive. Quelques exemples concrets ? Ce sont des enzymes qui fabriquent nos hormones et nos neurotransmetteurs dans les tissus où ils sont nécessaires. Ce sont elles également qui découpent en acides aminés les protéines animales ou végétales que nous absorbons dans notre alimentation pour en faire des stocks qui seront utilisés pour synthétiser nos propres protéines. Enfin, vous possédez une enzyme bien utile, une « alcool déshydrogénase », qui vous permettra de métaboliser plus ou moins rapidement l'alcool du mojito que vous avez bu il y a quelques minutes. Nous ne sommes pas tous égaux devant l'Alcotest.

Des Uber Eats moléculaires

La plupart des molécules entrant dans notre corps ou y étant produites ont une mission : atteindre leur cible. Ce peut être un organe, une cellule, un récepteur ou une enzyme. Parfois, elles y arrivent par hasard, par simple diffusion, souvent elles ont besoin d'un taxi. Il existe ainsi divers mécanismes de transport moléculaire, qui agissent en quatre temps. D'abord, la molécule à transporter et celle qui la transportera se croisent dans le même compartiment du corps, elles se heurtent et s'emboîtent à la faveur d'un coït moléculaire consentant. Ce couple est suffisamment stable pour se déplacer vers un autre compartiment du corps et là, rien ne va plus, le couple se sépare, fin du transport amoureux. Entre ces molécules, il y aura donc eu successivement reconnaissance, association, transport et dissociation. Le transporteur aura transporté le substrat, et recommencera généralement son cycle, mission accomplie.

C'est par exemple la fonction de la protéine d'hémoglobine dans vos globules rouges sanguins. Dans les capillaires de vos poumons, cette protéine s'associe à une molécule d'oxygène que vous venez de respirer. La circulation sanguine distribue ensuite les couples en tout point de votre corps en moins de cinq minutes et, là où c'est nécessaire, la molécule d'oxygène est libérée pour exercer sa fonction, et remplacée par une molécule d'oxyde de carbone pour éviter que le taxi hémoglobine ne revienne à vide vers les poumons. On a donc un système de transport spécifique à longue distance. Autre exemple : une impulsion électrique se balade le long d'un de vos neurones. Il ne s'agit pas là d'électrons qui circulent dans un fil de cuivre, comme dans le câble de votre lampe de chevet. Non, il s'agit en fait de protéines alignées à la surface de votre cellule neuronale, qui s'ouvrent et se ferment alternativement à la manière de petits tunnels pour laisser entrer ou sortir des ions de sodium, chlore ou calcium, créant ainsi une dépolarisation ponctuelle de la cellule qui se propage de proche en proche le long du nerf à une vitesse d'un à cent mètres par seconde ! On a là un transport d'ions, très localisé, synchronisé et directionnel de part et d'autre d'une membrane cellulaire. Des systèmes similaires servent à transporter de plus grosses molécules comme des neurotransmetteurs. Ainsi, la dopamine libérée dans un moment de plaisir peut être recaptée et recyclée par un transporteur localisé à la surface du neurone qui l'avait relarguée une fraction de seconde auparavant. Si vous consommez de la cocaïne, elle viendra occulter ce transporteur et la dopamine s'accumulera entre deux neurones, avec les effets que l'on sait : excitation, plaisir, dépendance, addiction, overdose. Grève des transports, danger.

Architectures moléculaires

Nos organismes vivants contiennent des molécules dont le rôle primordial est injustement peu mis en valeur.

Ce sont celles qui constituent les architectures moléculaires nécessaires à la vie. Leur structure chimique est telle qu'elles possèdent intrinsèquement le pouvoir de se reconnaître et de s'assembler en édifices qui, à eux seuls, créent la fonction. Je n'ai pas le goût des hiérarchies, mais la capacité des phospholipides à s'associer en deux couches pour former la membrane des cellules est primordiale pour la vie. Ces molécules dérivent des lipides, avec lesquels vous avez fait connaissance en détail. Elles possèdent deux longues chaînes d'atomes de carbone qui détestent l'eau et n'y sont pas miscibles, mais, à leur extrémité, une partie dite « phosphatidylcholine » adore la flotte, elle, et s'y sent très bien. Isolée dans l'eau, cette molécule aurait donc un problème de schizophrénie et serait mal à l'aise. En revanche, si vous jetez à la baille une multitude de ces molécules, elles vont spontanément trouver comment minimiser l'énergie requise par l'interaction avec leur solvant aqueux, en s'alignant les unes contre les autres, plus ou moins de façon parallèle, en deux couches. Les têtes hydrophiles s'orienteront de manière à former un tapis au contact de l'eau, au-dessus et au-dessous de la bicouche, alors que les chaînes carbonées en seront protégées, blotties entre ces deux surfaces. Par le simple jeu de leur forme longiligne et de leur bipolarité, ces molécules créent une architecture indispensable à l'existence de la cellule, et donc de la vie telle que nous la connaissons sur Terre. Autre exemple : la double hélice de l'ADN. On se focalise généralement sur les codons de l'ADN, c'est-à-dire l'enchaînement des nucléotides qui codent la fabrication de nos protéines. Or la structure de cet ADN est le fruit de l'accouplement de ses deux brins, d'une part, et de la topologie en double hélice nécessaire à la transcription, d'autre part. Pas d'hélice, pas de lecture du code génétique ! Voilà un exemple de reconnaissance et de couplage plus qu'intime entre deux molécules conduisant à une architecture moléculaire fonctionnelle.

Voici donc une observation importante, peu prise en considération par les biologistes et les philosophes des sciences : tout ce qui se passe dans votre corps, toute fonction physiologique, peut être décomposé en fonctions élémentaires très diverses, mais que l'on peut ramener aux quatre mécanismes simples que nous venons de décrire. Vous remarquerez que le premier événement commun à chacune de ces fonctions est la reconnaissance et l'emboîtement spécifique de deux ou plusieurs molécules, ce que j'ai baptisé « coït moléculaire », pour mieux capter votre intérêt... Avant de passer du simple au complexe, laissez-moi préciser deux ou trois choses sur ce processus d'accouplement en décrivant les forces mises en jeu et les processus énergétiques qui les gouvernent.

Le coït moléculaire, comment ça marche ?

Nous avons vu comment deux atomes peuvent se lier l'un à l'autre, en mettant en commun leurs électrons célibataires. Ce lien très fort confère une grande stabilité aux molécules ainsi formées. On parle de lien « covalent », qui ne pourra être rompu que par l'action violente d'un chimiste ou d'une enzyme. Les molécules sont donc des entités physiques ayant leur intégrité et leur identité propres. Elles peuvent se déplacer librement dans un environnement fluide grâce à leur énergie cinétique, qui dérive en permanence de l'énergie thermique reçue, laquelle provient de la chaleur de la surface terrestre et du rayonnement du Soleil - une vingtaine de kilocalories à température ambiante. Elles pourraient n'être soumises qu'au hasard des chocs avec les molécules de leur environnement. En fait, dans les milieux biologiques, elles établissent le plus souvent des liaisons faibles transitoires avec leurs voisines, ce qui permet des accouplements plus ou moins furtifs selon les forces mises en jeu, jusqu'à parfois des liaisons réversibles mais plus durables, ouvrant la porte à la possibilité d'un accouplement moléculaire effectif, point de départ de l'une des quatre fonctions élémentaires décrites précédemment.

Vous savez désormais, si vous ne le saviez pas déjà, comment des molécules peuvent s'attirer, s'emboîter et s'accrocher l'une à l'autre le temps d'exercer la fonction pour laquelle la nature et l'évolution les ont créées et sélectionnées. Ce couplage moléculaire peut durer entre une fraction de seconde et plusieurs minutes selon les systèmes. Vos organes et vos cellules sont ainsi des lieux de rencontre où chaque molécule recherche la partenaire avec laquelle elle aura le plus d'atomes crochus, avec laquelle elle s'accouplera le temps de faire connaissance, de transmettre un signal, de catalyser une alchimie ou de construire quelque chose ensemble. *Meetique.*

Dernier détail, si vous êtes une molécule, comment choisir votre partenaire ? Il existe deux stratégies. Soit vous êtes pressée et peu regardante, et vous opterez alors pour la première qui vous tombera sous la main, soit vous préférez prendre votre temps et cherchez la partenaire avec laquelle vous aurez la relation la plus stable et durable. En termes scientifiques, on parlera de formation d'un complexe (d'un couple) respectivement sous contrôle cinétique ou sous contrôle thermodynamique. Le choix dépendra de la réactivité des molécules, de leur affinité l'une pour l'autre, des concentrations en chacune des partenaires présentes, des processus de production ou d'élimination de l'une des molécules… Pour continuer avec mes anthropomorphismes abusifs, certaines de vos molécules interagiront plutôt avec des partenaires multiples, au hasard des rencontres, sans critère de stabilité du couple ; d'autres prendront le temps d'en considérer plusieurs avant d'accorder leurs faveurs à celle avec laquelle elles formeront le couple le plus stable possible. Ainsi va la vie. Ces coïts vous laissent coi ?

Pas si simple !

Avez-vous le sentiment de vous connaître un peu mieux ? Je résume, pour ceux qui auraient décroché et sauté les paragraphes qui précèdent : vous êtes constitué de vide et principalement d'atomes de carbone, d'oxygène, d'azote, d'hydrogène, d'un peu de soufre et de pas mal de phosphore, notamment dans les os. Ces atomes sont connectés les uns aux autres pour former les milliards de molécules différentes dont vos organes sont faits. Ces molécules, quant à elles, s'agitent et parfois s'accouplent spécifiquement avec d'autres pour exercer les diverses fonctions biologiques élémentaires gouvernant votre corps : stocker de l'information, des constituants et de l'énergie ; transmettre des signaux ; fabriquer, transporter ou détruire des molécules en fonction des besoins ; construire les architectures moléculaires qui circonscrivent ces actions à l'enveloppe de vos cellules, de vos organes, de votre corps. Voilà, c'est simple. Non, en fait, c'est infiniment plus compliqué que cela...

Une fonction physiologique, même apparemment simple, sera très difficile, voire impossible à comprendre dans sa globalité. Plusieurs facteurs sont responsables de cela : la multitude de fonctions moléculaires élémentaires impliquées, leur inimaginable vitesse d'exécution, leur nécessaire coordination et leur régulation. Prenons trois exemples pour illustrer cette complexité du vivant : la cellule, son alimentation en énergie et la transmission nerveuse. Si cette complexité vous assomme, lisez *allegro ma non troppo* ou sautez cette partie... mais ce serait dommage.

Dessine-moi une micro-cité (moléculaire)

Nous avons fait connaissance avec les principales molécules du vivant et identifié les quatre fonctions élémentaires qu'elles peuvent assurer dès lors qu'elles se rencontrent et s'emboîtent pendant un laps de temps suffisant. Oui, mais où ça ? Dans un chaos sans frontières ? Dans un espace ouvert ? Non. La vie a besoin d'un espace précis : la cellule, une cité moléculaire dynamique et délicate, en équilibre avec son environnement.

Imaginez la membrane cellulaire comme les remparts d'une ville fortifiée. Cette paroi fluide est constituée de deux couches de phospholipides, semblables à des briques hydrophiles pointant vers l'extérieur et l'intérieur aqueux, tandis que leurs queues hydrophobes se blottissent les unes contre les autres pour éviter l'eau. Cette membrane, fermée sur elle-même, forme une bulle protectrice de 0,1 à 100 microns, selon le type de cellule. Elle la protège des agressions extérieures et filtre ce qui peut s'en échapper, à la manière du double mur de Berlin ou des remparts de Carcassonne ; elle n'est jamais complètement étanche car la vie, comme la thermodynamique, aime les échanges. La membrane cellulaire n'est pas qu'une simple barrière. Elle est truffée de protéines qui jouent le rôle de portes et de ponts-levis, laissant entrer certains nutriments et évacuant les indésirables. Elle communique avec le monde extérieur *via* des récepteurs qui reçoivent les messages chimiques sous forme d'hormones, de neurotransmetteurs et de stimuli. Ces remparts moléculaires sont soutenus par un réseau de protéines, le cytosquelette, semblable à un treillis renforçant les murs.

À l'intérieur de cette micro-cité, toutes les fonctions d'une véritable métropole prennent vie. L'ADN, le texte constitutionnel, est stocké dans le noyau et dirige la destinée génétique de la cellule. Les ARN messagers, les ministres, orchestrent la production des protéines, les ouvriers et ingénieurs de la cellule. Ces protéines accomplissent toutes les tâches nécessaires à la vie, à la reproduction et à la mort programmée de la cité-cellule. Chacune de ces fonctions est réalisée par un ballet complexe d'événements moléculaires spécifiques. Tous les composants moléculaires sont connus. Les partenaires et les fonctions associés à chaque « coït » le sont presque totalement. Cependant, l'intégration et la régulation de toutes ces fonctions sur des durées très courtes (des millisecondes), ou au contraire très longues (des mois, des années), restent encore trop complexes pour être totalement comprises.

Certaines cellules constituent à elles seules une entité vivante autonome, un phalanstère capable de proliférer et de survivre dans son environnement. Ainsi en est-il des protozoaires. Ces êtres unicellulaires sont les descendants des formes les plus primitives de vie sur Terre. On en distingue plusieurs groupes, correspondant par exemple aux amibes, aux parasites, aux flagelles ou aux paramécies. Un de ces unicellulaires les plus intrigants récemment popularisé est le blob[16]. À un niveau de complexité supérieur, nous trouvons les métazoaires, parmi lesquels l'être humain, composé de 70 000 milliards de cellules. Ces cellules ont la capacité de se diviser cycle après cycle pour assurer la croissance ou le renouvellement de notre organisme, de façon continue entre notre naissance et notre mort. La masse de cellules que nous perdons chaque année par mort cellulaire normale est proche de notre poids corporel total. Il existe environ 250 nationalités, 250 types cellulaires différents pour constituer un être humain : globules rouges, globules blancs, cellules de la peau, du cœur, du cerveau, des intestins... toutes ayant des durées de vie très variables. Les neurones vivent très longtemps, vingt à trente ans, et se renouvellent difficilement. Un globule rouge vit quatre mois, une cellule intestinale cinq jours et une cellule de peau entre trois et quatre semaines, en fonction de l'ensoleillement et du taux de chlore de la piscine...

On peut actuellement identifier et caractériser chacun des composants moléculaires d'une cellule donnée, comme on peut le faire pour chaque habitant d'une cité, d'un pays, de la planète, mais on ne peut pas comprendre parfaitement les subtilités de ses interactions avec ses proches, ni prédire quel impact aura son comportement sur sa famille, son travail, son environnement. De même, la complexité devient incommensurable quand on passe de la cellule isolée aux systèmes multicellulaires, aux tissus, aux organes, aux individus. Mais toujours, pour la cellule et ses molécules, ou la planète et ses habitants, au commencement est le coït, la rencontre, l'interaction entre deux individus.

L'eau, le sucre et l'oxygène

Comme le concluait le père de la mécanique quantique, le physicien Erwin Schrödinger, par pur raisonnement physique, une cellule ne peut pas être un système fermé, isolé. Ce serait contraire au second principe de la thermodynamique*[17] et… au simple bon sens. Le grand bal moléculaire du vivant ne se déroule pas en vase clos, à l'abri de la double paroi de la membrane cellulaire. Pour ses ébats, ce petit monde a besoin d'un milieu fluide ambiant, l'eau, et d'énergie. Cette dernière sera essentiellement fournie par deux éléments importés : le glucose et l'oxygène.

La vie ne serait rien sans l'eau. Comme l'avait déjà déduit Épicure, les molécules du vivant doivent se déplacer dans un milieu fluide pour pouvoir rencontrer les partenaires nécessaires à l'exécution de fonctions biologiques élémentaires. Cela ne peut être qu'un gaz ou un liquide. Sur Terre, ça a été l'eau, très abondante et compatible avec les conditions de pression et de température à la surface. Dans ce liquide, des molécules ont pu flotter ou se dissoudre, se croiser, s'accoupler, se transformer, se transporter, s'empiler. Elles ont pu définir des microdomaines propices au

---

* Ce principe stipule qu'un niveau élevé d'organisation (autrement dit, de différenciation des niveaux énergétiques et d'intensité des échanges) ne peut exister de manière durable dans un système physique isolé. Or c'est très précisément ce niveau élevé d'organisation et d'échanges énergétiques qui définit ce qu'est un organisme vivant. D'où la conclusion, déduite à la fois des principes de la physique et du simple bon sens : un organisme vivant, qu'il s'agisse d'une cellule ou d'un organisme complexe, ne peut rester vivant (*i.e.* organisé) de manière stable s'il est totalement fermé sur lui-même.

développement de la vie : les cellules. D'où vient cette eau ? Comment s'établit son équilibre avec la cellule, un organe, un organisme entier ? Hasard, nécessité, complexité.

L'eau sur Terre proviendrait de la constitution initiale de la planète ainsi que d'apports venus de l'espace sous forme de comètes de glace ou d'autres objets. On estime son volume à 1 400 millions de kilomètres cubes ! Chez l'être humain, elle constitue environ 65 % de son poids, soit 90 % du nombre total de molécules. Que d'eau, que d'eau ! La plus grande part réside à l'intérieur des cellules. Une autre occupe l'espace intercellulaire, servant de réserve et de support aux cellules et aux vaisseaux sanguins. Le reste, contenu dans le sang et la lymphe, circule en permanence dans tout le corps en transportant les substances indispensables à l'organisme et celles dont il doit se débarrasser. Par son évacuation sous forme de sueur, elle contribue au maintien d'une température constante au sein du corps. Enfin, elle participe en tant que solvant ou réactif aux interactions et aux réactions chimiques dont le corps humain est le siège.

Au niveau du corps, l'absorption et le rejet de l'eau sont régulés par diverses hormones, telles que la vasopressine, l'aldostérone, l'angiotensine ou l'apéline. À celui de la cellule, elle est mécaniquement transportée à travers diverses membranes par des protéines créant des canaux spécifiques en forme de sablier, les aquaporines, qui laissent passer l'eau tout en retenant les ions. L'équilibre des concentrations en eau entre l'extérieur et l'intérieur de la cellule peut aussi être régulé par les taux de sodium et de potassium que des transporteurs membranaires en forme de tunnel laissent spécifiquement entrer ou sortir.

De nombreux rouages moléculaires de cette plomberie vitale sont identifiés mais sa dynamique, sa régulation et sa coordination permanente avec l'environnement restent trop complexes pour être totalement comprises et maîtrisées.

Qu'en est-il d'un autre élément extérieur essentiel, le glucose ? Vous avez déjà croisé cette petite molécule appartenant à la famille des glucides ou des oses dans votre mojito (mais si, avouez). Cette molécule est indispensable à la vie, soit comme source d'énergie, soit comme constituant d'architectures moléculaires fonctionnelles. Elle provient en grande partie de l'alimentation car elle est notamment présente dans les plantes, les algues et les bactéries, qui la produisent par photosynthèse à partir d'eau et de dioxyde de carbone en présence d'énergie lumineuse. Elle peut également être fabriquée par le corps lui-même au niveau du foie, à partir d'acides aminés (néoglucogenèse). Pour entrer dans les cellules et s'y répartir, le glucose doit s'accoupler avec des protéines spécifiques qui assurent son transport. Une relation passagère et transitoire qui permet au glucose d'atteindre le cœur de la cellule et ses batteries d'enzymes, avec lesquelles il entamera une orgie en cascade (carrément) pour fournir l'énergie vitale indispensable au fonctionnement cellulaire, avec son complice, l'oxygène.

Enfin, troisième élément moléculaire importé par la cellule : l'oxygène. D'où provient celui que nous respirons[18] ? Eh bien, très peu de nos forêts, comme on le croit souvent. À l'origine, il y a 4,5 milliards d'années, notre planète ne contenait pratiquement pas d'oxygène. Ce n'est qu'un milliard d'années plus tard, avec l'apparition du vivant, que des micro-organismes marins, des bactéries ou des microalgues ont utilisé l'énergie des rayonnements solaires pour interagir avec du gaz carbonique, CO_2, et des molécules d'eau, H_2O, afin de produire de l'oxygène, de formule O_2, et des molécules organiques primitives. Ce processus, c'est la photosynthèse, et il est toujours à l'œuvre aujourd'hui dans les mêmes organismes et dans les plantes terrestres. Pendant plus de deux milliards d'années, il ne s'est produit que dans les océans, les premiers organismes photosynthétiques terrestres n'apparaissant qu'il y a environ 500 millions d'années. Une bonne partie de l'oxygène formé a été captée par divers minéraux et métaux, notamment le fer présent en grande quantité sur la croûte terrestre. Cela a produit de nombreux oxydes métalliques tels que les oxydes de fer, dont le plus connu, la rouille. L'oxygène résiduel s'est ensuite diffusé vers l'atmosphère, dont il représente 21 %, le reste étant essentiellement de l'azote, N_2, et le CO_2 n'en représentant pour l'instant que 0,03 %. On estime aujourd'hui la quantité d'oxygène disponible dans l'atmosphère à un million de milliards de tonnes. Cette quantité varie peu, la végétation des forêts et la biomasse marine produisent, le jour, environ 10 000 milliards de tonnes d'oxygène, qui seront consommées en vingt-quatre heures par ces mêmes plantes et divers organismes, en particulier les micro-organismes du sol. Il y a suffisamment d'oxygène dans l'atmosphère pour que le vivant en profite pendant des millions d'années ; en revanche, c'est l'augmentation de CO_2 qui devient un danger pour la planète, ou plutôt pour les organismes qui y vivent, en induisant un réchauffement global et des conditions climatiques incompatibles avec les écosystèmes.

Vous vous demandez sans doute comment cet oxygène de l'atmosphère arrive dans nos plus intimes cellules, et ce qu'il peut bien y faire. Au repos, à chaque respiration, nos poumons inspirent environ un demi-litre d'air, et ceci en moyenne quinze fois par minute. Tout effort ou toute émotion à gérer vont bien sûr provoquer l'augmentation de ce volume et de ce rythme, sous contrôle des taux de CO_2 à évacuer. Une fois parvenue au contact des 75 mètres carrés de vos alvéoles pulmonaires irriguées de sang, une partie de l'oxygène présent dans l'air va pouvoir se diffuser spontanément à travers la paroi des micro-vaisseaux sanguins, où sa concentration est inférieure à celle du poumon. Il fait désormais partie de vous, pour un bon moment. Il va commencer par une petite promenade en liberté, car ce gaz est partiellement soluble dans l'eau, en particulier dans l'eau du plasma, composant principal de votre sang. Il va cependant rapidement se propager dans les globules rouges présents en grand nombre et y faire une rencontre importante, son premier coup de foudre : une molécule d'hémoglobine qui retient en son sein un atome de fer en formant autour de lui une cage moléculaire. Le métal pourra piéger la molécule d'oxygène qui passe par là. Le coït est consommé, le transport amoureux ne fait que commencer. Le couple embarque pour Cythère à bord du globule rouge pour un tour complet du corps de l'hôte en moins de cinq minutes. Tous vos tissus seront ainsi desservis par un réseau de capillaires sanguins de 100 000 kilomètres de long, dans lequel le couple moléculaire va rester stable ou divorcer au gré des rencontres et des contingences du milieu au cours du voyage.

Si l'oxygène est déficitaire et l'oxyde de carbone en excès dans un organe ou une cellule, c'est alors un processus échangiste qui s'enclenche : la molécule d'oxygène se détache de l'atome de fer pour y être instantanément remplacée par une molécule de CO qui traîne dans le coin, en excès. Le transporteur hémoglobine reprend alors sa route avec son nouveau passager, indésirable, qu'il déchargera dans le poumon sous forme de CO_2 pour qu'il soit expiré dans l'atmosphère. L'oxygène largué à proximité d'une cellule va, quant à lui, se diffuser à travers la membrane cellulaire et ne pas tarder à se faire embarquer par un autre taxi, la myoglobine, une autre protéine cousine qui assurera le transport ciblé vers un compartiment cellulaire particulier ; destination finale, la mitochondrie. C'est autour et à l'intérieur de ce composant cellulaire que tout se joue. Nous voilà au cœur de cette maison close où une kyrielle de Circé enzymatiques attendent nos trois principaux invités, l'eau, le glucose et l'oxygène, pour une métamorphose énergétique. Chez l'humain et les mammifères, 90 % de l'énergie consommée par nos cellules, nos organes et nos muscles dérivent de ces cascades de coïts moléculaires élémentaires : fixation et transport de glucose et d'oxygène à travers des architectures membranaires, modifications chimiques par catalyse enzymatique, stockage d'énergie sous forme d'ATP*. Pour cette fois, les mécanismes mis en jeu semblent être globalement

* L'ATP (adénosine triphosphate) est une molécule qui fournit de l'énergie à toutes les cellules vivantes. Elle agit comme une « batterie » en stockant et libérant de l'énergie nécessaire pour des

identifiés et compris. Mais c'est sans compter sur l'incroyable complexité des processus de régulation et d'intégration du système, ne serait-ce qu'au niveau de l'expression des gènes codant pour les protéines intervenant dans les cascades réactionnelles. Les rouages moléculaires des usines énergétiques cellulaires sont identifiés, mais l'unité centrale qui les commande et les régule dans l'espace et dans le temps est encore d'une complexité qui nous échappe.

Ceci est un ordre

Passons maintenant à une échelle supérieure pour saisir la complexité des mécanismes moléculaires du vivant. Quittons la cellule et considérons une action apparemment simple et banale : un ordre qui circule de votre cerveau à votre bras pour le faire plier, un bras d'honneur à notre ignorance. Premier point : on ne sait pas comment cette information apparaît et se formalise dans votre tête... Une fois, cependant, qu'elle chemine dans vos neurones, on a une petite idée des mécanismes biomoléculaires qui se mettent en action. Ce message électrique traverse une chaîne de neurones, chacun transmettant le signal à l'aide de neurotransmetteurs. Le

---

processus comme le mouvement, la croissance et la réparation des cellules. Sans ATP, les cellules ne pourraient pas fonctionner.

processus se déroule à une vitesse folle, synchronisant des milliers de neurones pour coordonner nos mouvements. Vertigineux, non ? Reprenez votre souffle.

Les scientifiques ont réussi à identifier pratiquement tous les composants moléculaires de la cellule : nous disposons ainsi d'un catalogue quasi exhaustif des millions de constituants et d'une bonne représentation, quoiqu'encore partielle, des fonctions *élémentaires* qu'ils assument. Reste un grand mystère : comment ces fonctions élémentaires, locales, sont-elles synchronisées, régulées au niveau global de la cellule ? Par quel ballet d'interactions moléculaires tout ceci reste-t-il cohérent pour exister quelques heures, quelques jours, quelques semaines, mois ou années au sein de son environnement ?

On a pu comprendre quelques cascades d'interactions impliquant deux, trois, dix molécules différentes. L'enjeu est de comprendre comment des millions de molécules diverses enfermées dans l'espace restreint d'une cellule peuvent interagir de manière apparemment concertée pour lui assurer une existence et une reproduction compatibles avec son environnement en évolution constante. Et nous n'en sommes là qu'au niveau de la cellule unique, brique élémentaire du vivant. Le vivant macroscopique tel que nous le percevons a revêtu des formes incroyablement diverses et complexes, résultant d'associations de cellules en tissus, de tissus en organes, d'organes en êtres vivants, d'êtres vivants en sociétés organisées (d'animaux, de végétaux, de champignons, de bactéries, de lichens...). La complexité et le mystère (l'inconnu), déjà présents au sein d'une cellule, augmentent proportionnellement au gré de ces combinaisons. Je crains, ou je me réjouis, que ce problème soit pour toujours insoluble. La complexité de chaque interaction moléculaire comme de l'ensemble des interactions est telle qu'elle semble définitivement indéchiffrable pour l'esprit humain. Je vous souhaite d'accepter cette part d'inconnu sans jamais renoncer à en gratter la surface.

Quelques chercheurs français se sont collés à ces grandes fonctions et y ont attaché leur nom : Jacques Monod, lire ou relire *Le Hasard et la Nécessité*[19], Jean-Pierre Changeux, *L'Homme neuronal*[20], Jean-Didier Vincent, *Biologie des passions*[21]. Mais aussi un médecin, scientifique dans l'âme et philosophe, qui est injustement peu cité alors qu'il me semble essentiel, Henri Laborit. On se souvient de lui comme le père des psychotropes ou le chercheur prométhéen du film d'Alain Resnais, *Mon Oncle d'Amérique*[22]. On oublie l'essayiste de *L'Homme imaginant*[23], ou l'intellectuel questionnant la continuité et les discontinuités de la perception de notre univers, dans *Dieu ne joue pas aux dés*[24]. Le docteur Laborit a élégamment montré que la science progresse horizontalement, à chaque niveau d'organisation du réel, mais que les marches pour passer de l'un à l'autre de ces niveaux restent difficiles à enjamber. Ainsi, au cours du siècle précédent, la physique quantique a fait des progrès fantastiques, tant sur le plan théorique qu'expérimental ; la connaissance du vivant à l'échelle moléculaire a également fait un bond considérable avec le décryptage de nombreux génomes et l'identification de pratiquement tous les composants moléculaires du corps humain. La biologie cellulaire, la physiologie, la médecine, la sociologie ont progressé chacune à leur niveau. Cependant, là où les difficultés semblent insurmontables, cela reste le passage d'une échelle à l'autre, d'un niveau d'organisation et d'analyse à l'autre. Par exemple, comment expliquer totalement que toutes les molécules contenues dans une cellule interagissent de manière concertée et régulée pour assurer, en une fraction de seconde, ou au contraire de manière dynamique au cours du temps, la stabilité structurale et énergétique de la cellule, ses interactions avec l'environnement et la mise en œuvre des fonctions qu'elle assure dans son tissu ? Au niveau supérieur, comment expliquer tous les mécanismes moléculaires mis en jeu pour que les contractions et relâchements de chacune des cellules du tissu cardiaque soient synchronisés soixante fois par seconde, au rythme des battements de votre cœur ? Au niveau physiologique, comment établir une connaissance globale des interactions moléculaires impliquées, par exemple, dans le dialogue entre notre cerveau et le reste du corps, y compris nos hôtes du *microbiote* ? Enfin, au niveau psychique et social, comment espérer saisir tous les ressorts de notre interaction avec nous-même (« *Je est un autre**[25] »), avec notre environnement, avec les êtres humains qui nous entourent ? Mission à jamais impossible, oserai-je prétendre. Nous sommes faits de molécules et de vide, oui, mais la complexité du vivant nous protège d'une compréhension matérialiste globale, par trop réductionniste, de la vie. Il n'en reste pas moins que les chercheurs fouillent sans cesse et trouvent ici et là des points sensibles, des mécanismes moléculaires qui modulent de manière critique des fonctions complexes, sans les expliquer pour autant dans leur globalité. Nous allons en croiser quelques-uns ensemble en élargissant le propos, ou au contraire en abordant quelques mécanismes précis de la vie, de l'amour, de la mort.

---

* En mai 1871, Arthur Rimbaud dans une lettre à son ami Georges Izambard, sort sa célèbre formule déstabilisante : « *C'est faux de dire : Je pense : on devrait dire on me pense. Pardon du jeu de mots. Je est un autre.* »

Que sommes-nous ou *qui* sommes-nous ?

Mon ami Jean, philosophe, trouve mon approche du vivant par trop matérialiste. Il n'a pas forcément tort. La question n'est pas seulement de savoir ce que nous sommes, mais aussi de comprendre qui nous sommes, et de déterminer si l'être objectif peut expliquer l'être subjectif. Prenons du recul sur les conceptions actuelles du vivant. Laissons de côté l'approche métaphysique, qui relève davantage de la foi que de la science, et examinons les avis de quelques philosophes.

En ce qui concerne *ce que* nous sommes, et plus généralement ce qu'est la vie, deux thèses principales s'opposent : le dualisme et le monisme. Les dualistes associent le vivant au spirituel et le séparent résolument de l'inerte, propre à la matière et à l'énergie ; ils prônent une séparation du corps et de l'esprit. Ils éprouvent néanmoins quelques difficultés à expliquer comment le second peut être ou avoir été sans le support du premier, mais cela ne les gêne pas outre mesure. Cette approche s'est développée au cours des siècles *via* des définitions du vivant faisant appel aux notions d'âme, de souffle vital, de *conatus*. C'est sur cette base théorique que le vivant a été considéré jusqu'à la fin du XIXe siècle comme le fruit d'une génération spontanée. Ce dualisme réduit souvent le vivant à l'homme, ou fait de l'homme un cas particulier, à moins de considérer que la bactérie ou le champignon aient une âme et un brin de spiritualité. Cette séparation totale de l'homme d'avec le reste du vivant, ainsi que celle du corps et de l'esprit, est encore bien vivace de nos jours. Je me souviens d'un dialogue impossible avec une psychanalyste qui se refusait à considérer que l'esprit ait quoi que ce soit à voir avec des molécules. Je n'avais pas de LSD sous la main, ni même quelques verres de vodka à lui proposer pour remettre ses idées à côté de leur place… Le dualisme n'est pas mort.

En face, une approche matérialiste du vivant a vu courageusement le jour en Grèce, en des temps où les dieux régnaient sur Terre et au Ciel. Démocrite, et peut-être avec lui son comparse Leucippe, prétendait que tout n'est fait que d'atomes et de vide, y compris l'être humain[26]. Épicure et Lucrèce ont repris et étendu cette vision qui, dans notre civilisation occidentale, a été mise en sommeil pendant quelques siècles, jusqu'à ce que Montaigne et les philosophes des Lumières ne lui redonnent un peu d'élan. Aujourd'hui, quelques philosophes contemporains se réfèrent encore à un ouvrage de 1944 qui a marqué les esprits, car émanant de l'éminent physicien Erwin Schrödinger : *Qu'est-ce que la vie ?*[27] Le savant y accepte lui aussi la nature moléculaire du vivant, mais l'aborde sous un angle énergétique. Pour qu'une entité vivante respecte le second principe de la thermodynamique que nous avons déjà croisé en chemin, et échappe à un désordre entropique interne croissant, elle doit effectuer des échanges de matière et d'énergie avec son environnement. Schrödinger avait aussi imaginé l'existence d'un « cristal apériodique » comme molécule à l'origine de l'hérédité. La biologie a depuis identifié les mécanismes et les entités moléculaires qu'il avait pressentis à partir de la théorie. On connaît désormais les nombreux systèmes de transport de molécules et d'énergie entre la cellule et son environnement, ainsi que le rôle primordial de l'ADN dans le stockage et le transfert de l'hérédité.

Plus récemment, au milieu du XXe siècle, Jacques Monod définissait la vie de manière laconique comme « une cellule qui a un projet ». Cela avait le mérite de mettre la cellule au cœur du vivant tel qu'on le connaît actuellement sur Terre. Attribuer un projet à une cellule est évidemment abusif, puisque cela suppose de lui prêter une intelligence et une volonté qu'elle n'a pas. Monod en était conscient et utilisait cette image pour illustrer l'idée que la cellule a la capacité de s'auto-entretenir pendant un temps limité et de se reproduire presque à l'identique, dans un environnement favorable (eau, température adéquate, nutriments, etc.). La cellule est alors reconnue comme l'unité de base commune à tout ce que nous considérons comme vivant.

Où en sommes-nous aujourd'hui ? En ce qui concerne la vie telle que nous la connaissons, la définition qui fait à peu près consensus est celle de la Nasa, en quête de critères pour découvrir des formes équivalentes dans l'espace. Elle peut s'énoncer ainsi, de manière concise[28] :

« Life is a self-sustaining chemical system capable of Darwinian evolution », que l'on peut traduire par : « La vie est un système chimique auto-reproductif capable d'évolution darwinienne. »

Pour la vie telle que nous la connaissons sur Terre, la Nasa précise :

- la vie est chimique par essence : les systèmes vivants terriens contiennent des espèces moléculaires qui subissent des transformations chimiques (métabolisme) sous la direction de molécules (catalyseurs enzymatiques) dont les structures sont héritées, et l'information héréditaire est elle-même portée par des molécules ;
- pour effectuer des transformations chimiques dirigées, les systèmes vivants terriens exploitent un déséquilibre thermodynamique ;
- les biomolécules que la vie terrienne utilise pour soutenir son métabolisme, construire des structures, gérer l'énergie et transférer des informations, tirent parti des propriétés de liaison covalente du carbone, de l'hydrogène, de l'azote, de l'oxygène, du

phosphore et du soufre, ainsi que de la capacité des hétéroatomes, principalement l'oxygène et l'azote, à moduler la réactivité des hydrocarbures ;
- les biomolécules terriennes interagissent avec l'eau pour être solubles (ou non) ou pour réagir (ou non) d'une manière qui confère une forme physique à un organisme hôte. Les biomolécules trouvées dans la vie terrienne semblent avoir des structures moléculaires qui créent des propriétés spécifiquement adaptées aux exigences imposées par l'eau ;
- les systèmes vivants qui ont émergé sur Terre sont le résultat d'un processus de variation aléatoire de la structure des biomolécules héritées (mutation génétique), auquel s'est superposée la sélection naturelle pour atteindre la forme physique. Ce sont les éléments centraux du paradigme darwinien.

Le vivant est donc bien moléculaire ; cela semble enfin acquis, au moins par les scientifiques. Avec mon copain Démocrite, nous nous en réjouissons, dans un éclat de rire évidemment. Les particules, les atomes, les molécules isolées ou dispersées ne constituent que de la matière inerte ou en mouvement et ne répondent pas au critère d'autoreproduction. Ils peuvent se transformer par transfert d'énergie, mais pas se dupliquer, se multiplier. Avec le temps, la condensation de molécules particulières a probablement conduit à l'apparition d'un objet complexe dans l'espace, délimitant un microdomaine avec un extérieur et un intérieur, une sorte de bulle de savon, la cellule. C'est en son sein que des molécules diverses ont pu s'accumuler jusqu'à faire émerger cette possibilité de se maintenir en équilibre avec l'environnement un certain temps, limité, et la capacité de se diviser en deux cellules identiques, *modulo* quelques erreurs. Ces erreurs se sont révélées essentielles pour produire des formes de vie diverses et permettre ainsi à certains éléments de survivre aux modifications de l'environnement au cours de l'évolution et de parvenir jusqu'à nous. Voilà pour le chimiste ce qu'il en est, succinctement, de la vie sur Terre.

Les chercheurs ont ouvert plus récemment une autre piste de réflexion en tentant de définir ce qui pourrait être considéré comme vivant indépendamment des critères propres à la biologie terrestre, dans le cadre d'une *exobiologie*. Ils ont introduit le néologisme « *lyfe*[29] » pour désigner cette nouvelle forme de vie potentielle, et proposent la définition suivante, selon quatre critères. Un système pourrait être considéré comme vivant s'il présente des capacités : à exploiter et convertir des sources d'énergie ; à croître ou se développer de manière exponentielle ; à limiter ses changements internes en cas de changements extérieurs ; à enregistrer, traiter et réaliser des actions sur la base d'informations. On résume ces critères respectivement sous les termes de « dissipation », « autocatalyse », « homéostasie » et « apprentissage ». La cellule ou les êtres pluricellulaires que nous connaissons répondent évidemment à ces critères. Peut-on imaginer des systèmes non organiques les satisfaisant également, sur Terre ou dans l'Univers ? Le défi est lancé.

Revenons à l'homme, à nous, à vous. Nous avons désormais une relativement bonne idée de ce dont notre corps est constitué. Mais au fond, qui sommes-nous ? Pour aborder cette question, il est essentiel de passer par la phénoménologie. Inspirée par des penseurs comme Edmund Husserl, Jean-Paul Sartre ou Maurice Merleau-Ponty, l'une des expressions les plus récentes de cette branche de la philosophie est celle développée par le philosophe Michel Henry. Selon lui, la vie serait « la faculté et le pouvoir de se sentir et de s'éprouver soi-même en chaque point de son être[30] », ce qui établit une distinction dualiste entre la réalité objective du corps et la force subjective de l'individu, associée à son affectivité.

Mon ami Jean, philosophe, a tenté de m'aider à décrypter ces notions. Je le cite *texto* ici :

*« Il y aurait deux corps. Le corps objectif serait celui que nous percevons et pouvons observer du dehors, directement ou par appareil interposé. C'est celui que peuvent tenter de décrire les scientifiques. Ceci est le corps que j'*ai*. Le corps*

subjectif est, quant à lui, un corps sentant et senti qui me lie de façon certaine et absolue au monde. C'est le corps que je suis.
Comment passe-t-on d'un corps qui est dans *le monde, chose parmi les choses, soumis à des causes (très nombreuses, certes) à un corps qui est* au *monde, non pas en lui, mais ouvert à lui, aux événements qui y surgissent et qui ont un sens pour lui, et pas seulement une cause ? N'est-ce pas tout autre chose et pas seulement une propriété émergente résultant de la complexité ? C'est la question de la vie, bien sûr, de ce qu'aucune machine même très sophistiquée ne peut faire, mais que tout animal aussi primitif soit-il, réussit à faire. Aucune machine n'est* au *monde, elle est juste* dans *le monde. Avons-nous affaire à deux vérités, deux corps distincts, ou existe-t-il une introuvable continuité entre les deux, un pont vertigineux entre dualisme et monisme, et ce pont peut-il être de nature moléculaire, autre que l'alibi de la complexité ? »*

Et Jean de se rapporter à Lévi-Strauss : une chimie totale devrait nous expliquer, non seulement la forme et la distribution des molécules de la fraise, mais aussi comment une saveur unique résulte de cet arrangement. Peut-on décrire objectivement la saveur de la fraise ? Est-elle intrinsèque à l'objet ? Ressentie de la même manière par tous les humains, par le chat carnivore et la limace gourmande ? Quelle est sa composition moléculaire et en quoi ce savoir nous permet-il de comprendre ou d'impacter ce ressenti ?

Je sens que je vais devoir biaiser... Car il y a effectivement un trou noir béant entre notre compréhension de ce que nous sommes et de qui nous sommes. Entre ce que je suis et qui je suis. Les scientifiques émettent l'hypothèse que plus nous en saurons sur le premier, plus le second, peut-être, gagnera en lucidité sur lui-même, ses actions, le sens de sa vie, en acceptant qu'il subsiste une part à jamais prépondérante de mystère sur la nature profonde de son existence et de son essence. Je pose ici, au ras des molécules, quelques jalons le long du chemin et laisse aux philosophes le soin de finir le parcours[31]. En résumé, certains phénoménologues dualistes affirment que l'homme subjectif est avant tout un être « perceptif », capable de ressentir l'existence physique de son propre corps dans le monde, et un être « émotionnel », en interaction psychique avec son environnement. C'est ce qui constituerait notre identité, telle que ressentie par nous-mêmes et par les autres. Voici quelques découvertes récentes de mes collègues pharmacologues qui amènent un nouvel éclairage sur ces questions.

Depuis une soixantaine d'années, la pharmacologie expérimentale est passée de l'exploration fonctionnelle du vivant (cardiovasculaire, métabolique, etc.) à une étude plus comportementale et sensorielle. Comment percevons-nous le monde ? Qu'est-ce qui gouverne nos émotions et nos comportements ?

Commençons par nos cinq sens, nos portes d'entrée sur le monde. Prenons la vue : on sait aujourd'hui qu'elle consiste en un photon venant frapper sur notre rétine une molécule de rétinal logée dans une protéine appelée opsine. Ce contact déclenche une série de réactions en chaîne, créant un courant électrique dans le nerf optique. Et là, ça devient flou (sans jeu de mots), car le processus par lequel ces signaux électriques se transforment en images dans notre cerveau reste un mystère. Notre connaissance fine du phénomène se dilue au fil de la diversité et de la complexité des interactions mises en jeu. Ajoutez quelques verres d'alcool ou un peu de LSD, et voilà que le monde devient tout autre : un beau visage peut devenir effrayant, une fraise peut apparaître bleue. C'est fou ce qu'une petite molécule peut faire à notre perception de la réalité.

La vue, et plus précisément le regard, a récemment pris une dimension relationnelle et émotionnelle. Par exemple, tous les nouveau-nés (sauf les autistes) peuvent décrypter les émotions des gens qui les entourent par les expressions de leur visage et même par de subtiles nuances dans le regard. Cette capacité à deviner ce qui se cache dans l'esprit de l'autre est l'un des vecteurs principaux de l'empathie. Mon regard trahit en partie qui je suis et révèle à l'autre qui il est. Les regards échangés deviennent ainsi une des clés de notre ressenti et de notre action. Vais-je sourire ? Fuir ? Me battre ? Une hormone joue un rôle prépondérant dans cette mécanique sous-jacente, l'ocytocine. Ses propriétés fantastiques ont été décrites ailleurs[32].

Pour le goût, des progrès ont été réalisés sur la physiologie et les mécanismes moléculaires qui le modulent. On a identifié les principaux récepteurs responsables de la perception des goûts élémentaires : sucré, salé, acide, amer, umami. La perception des textures par des récepteurs capteurs de pression est aussi essentielle. Mais comment un signal peut devenir une sensation gustative ? Là encore, cela reste flou. C'est seulement sa complexité qui nous en limite la pleine connaissance. Que dire *a fortiori* du baiser ? Du goût ou du dégoût de l'autre ? Pas grand-chose, si ce n'est qu'il est vecteur d'attachement et que l'ocytocine y est encore une fois pour quelque chose, ce qui ne retire rien à son mystère mais contribue à faire de moi ce que je suis ou ce que je deviendrai.

Le goût est indissociable de l'odorat et ces deux sens sont souvent confondus. La fraise, par exemple, a peu de saveur, son goût provient essentiellement des parfums qu'elle dégage en bouche. Il suffit de se pincer le nez pour qu'il disparaisse. On connaît les molécules qui confèrent ce goût/parfum à la fraise et on peut les reproduire artificiellement. Mais dès qu'il s'agit de décrire notre ressenti et de le transmettre par le langage, c'est une autre affaire... de sensibilité et de capacité intellectuelle à le restituer. On peut aussi se contenter de ressentir sans décrire - comme font les animaux ? Encore quelques découvertes récentes sur l'odorat : de manière statistique, il a été observé que les partenaires d'un couple ont des systèmes immunitaires plus éloignés l'un de l'autre que la moyenne, ce qui confère un avantage de survie à leur descendance qui va hériter de la combinaison des deux[33]. Comment connaître le système immunitaire du partenaire ? Eh bien, il semble que cela passe par l'odorat. « Celui-ci, je ne peux pas le sentir ! », « Celle-là, je la sens bien... », « On se sent bien ensemble ». Au-delà des expressions triviales, il a effectivement été montré que l'on trouve plus agréables et plus attirantes les odeurs dégagées par un individu doté d'un système immunitaire distant du sien. Les odeurs sécrétées par chacun seraient donc un code-barres olfactif émis par notre système immunitaire, représentatif du soi, d'une part de la personnalité. Au-delà de mon apparence corporelle, je suis ce que je sens ; or ce que je sens dépend de mon métabolisme particulier, et en grande partie des bactéries qui recouvrent mon corps, donc de pas tout à fait *moi*. La perte de l'odorat est source de maladies auto-immunes, de sensibilité à l'inflammation, de rejet et de destruction de soi. Vertigineux. Complexe.

Venons-en au toucher. J'ai rapporté ailleurs l'importance du contact peau à peau dans les premiers jours de la vie[34], essentiel pour rassurer le nouveau-né, lui donner un cadre affectif et des codes relationnels importants pour l'affiliation. Le toucher reste important tout au long de la vie. Il est bien entendu crucial pour ses propriétés mécaniques : ressentir la pression, la douleur, le chaud ou le froid est nécessaire pour ressentir le sol sous ses pieds et maintenir son équilibre, pour sentir le poids de la fourchette et la tenir en main, pour déguster les aliments portés à la bouche, etc. De la caresse à la griffure, de la douceur à la coupure, le toucher nous permet d'interagir avec l'environnement, mais aussi avec l'autre. Une poignée de mains, soit ferme, soit moite et molle, trahit notre personnalité, qui je suis, qui est l'autre, et me permet d'adapter mon comportement. La caresse ou la gifle aussi. Le massage agréable et consenti fait monter l'empathie et le bien-être. On connaît aujourd'hui les récepteurs, les protéines agissant comme capteurs de ces stimuli : pression, chaud, froid, douleur, plaisir. On peut suivre leurs circuits neuronaux, on connaît les zones du cerveau activées, on peut les stimuler ou les bloquer chimiquement… Les tenants et aboutissants de toutes ces formes de toucher restent néanmoins beaucoup trop complexes pour être comprises et maîtrisées.

Il nous reste l'ouïe. Comme pour la vue, le stimulus initial n'est pas moléculaire, mais vibratoire. Pas d'audition dans le vide, le son a besoin d'un milieu, comme l'air ou l'eau, pour se propager. Ces vibrations sont perçues par des protéines particulières à la surface de cellules de l'oreille interne. Elles sont transformées en signaux neuronaux et remontent jusqu'à des zones identifiées du cerveau. Jusque-là, le scientifique arrive plus ou moins à suivre. Comment le cerveau parvient à transformer ces signaux en langage signifiant et en émotions, cela reste à découvrir. On pourra voir s'activer les zones du plaisir ou du déplaisir, de l'excitation ou de l'apaisement neuronal, de la mémorisation. On verra apparaître dans le sang des hormones de stress ou, au contraire, de bien-être... Divers individus réagiront différemment aux mêmes stimuli en fonction de leurs gènes, de leur histoire, de leur environnement. Ces mécanismes sont trop complexes pour qu'on en comprenne tous les rouages et toute la portée, mais ils conditionneront qui je suis, ce que je comprends, ce que je ressens, ce que je fais.

À ces cinq sens classiques, on peut ajouter ceux de l'équilibre et de la proprioception, qui nous signale de manière consciente ou non la position relative des membres de notre corps, ce qui nous permet, par exemple, de porter un verre à nos lèvres même dans le noir. Elle fonctionne grâce à de nombreux propriocepteurs (ce n'est pas un juron, seulement des récepteurs musculaires et ligamentaires) et aux voies et centres nerveux impliqués. Sans en avoir percé tous les rouages, on connaît quelques grains de sable à même de les perturber (votre mojito en est un).

Voilà quelques portes d'entrée chimiques à la perception subjective de soi, celle de notre corps en interaction physique avec le monde. Reste à aborder notre moi émotionnel, notre affectivité, et les acteurs conscients ou inconscients de notre identité. Nous ne ferons ici que les effleurer.

Au commencement, dès la fécondation, nos cellules disposent potentiellement de la totalité de notre patrimoine génétique (soit 92 molécules différentes constituant notre ADN), source des prédispositions qu'il code et codera toute notre vie, de manière intrinsèque ou sous l'impact de notre environnement. Des pans entiers de la science s'attachent à décrypter les mécanismes biomoléculaires de notre morphogénèse, les étapes de différenciation de nos cellules souches en chacun des types de cellule et d'organe constituant notre corps, y compris le cerveau. Ces gènes, leur transcription et leur traduction en protéines fonctionnelles forgent notre corps (qu'il s'agisse de notre morphologie ou de la couleur de nos yeux) mais aussi notre neuro-développement, ce qui entraîne des conséquences sur notre vision et notre interprétation de nous-même et du monde, ainsi que sur notre affectivité et notre réactivité émotionnelle et opérationnelle à ses stimuli. Nous naissons ainsi avec des prédispositions génétiques à être grand ou petit, blond ou brun, calme ou anxieux, empathique ou ego-centré, stable ou instable dans nos attachements sociaux. Un large éventail de gènes sera à la manœuvre derrière chacun de ces caractères physiques ou psychiques. La démonstration de leur contribution moléculaire peut se faire par l'absurde : il suffit en effet parfois d'un seul grain de sable, d'une erreur sur les trois milliards de paires de bases que compte notre ADN pour qu'une anomalie apparaisse : une mutation sur le gène *RPS19* et votre corps ne fabriquera pas de globules rouges, une mutation sur le gène *FMR1* et vous présenterez des troubles de l'interaction sociale et du spectre autistique. Il y a plus de 7 000 maladies génétiques répertoriées qui résultent de l'altération ponctuelle de votre génome[35]. Ainsi, même s'il est très loin d'être compris dans sa complexité et sa globalité, il existe bien un pont moléculaire entre nos gènes, notre corps, nos capacités de perception de nous-même et du monde, et notre capacité d'interaction avec les autres.

Les gènes confèrent un patrimoine moléculaire initial déterminant, mais l'environnement et l'histoire de chaque être vivant se chargent de moduler très significativement ces prédispositions et de forger son identité tout au long de la vie. Pour la plante, ce seront l'ombre et la lumière, la pluie et la sécheresse, le chaud et le froid, l'azote et le potassium présents dans le sol, les insectes et les ruminants ou le jardinier qui forgeront son destin. Pour l'animal sauvage, ce seront l'endroit où il naît, l'éducation reçue de ses géniteurs, l'abondance de nourriture, les mauvaises rencontres avec les prédateurs. Pour l'être humain, enfin, son affectivité et son comportement seront modelés par la qualité de ses interactions avec ses parents dans les premières minutes et semaines de sa vie, par l'éducation qu'il recevra, par la multitude d'expériences positives ou aversives qui jalonneront son existence, par son interaction avec le monde matériel, avec les autres êtres vivants, ainsi qu'avec son propre microbiote.

Les mécanismes moléculaires qui sous-tendent chacun de ces événements formateurs d'identité sont en partie identifiés. On retrouve l'ocytocine, qui débarque au moment de la naissance pour initier la construction d'un lien affectif entre parents et enfants et l'apprentissage des interactions sociales. Cette hormone est également impliquée dans un éventail de fonctions qui gouvernent l'estime de soi, mais aussi l'affectivité : les comportements maternel et paternel, l'empathie, la confiance en l'autre, la générosité, l'attachement, la passion amoureuse, l'amitié, le sentiment d'appartenance à un groupe social, l'agressivité, le courage... N'en jetez plus[36] ! On connaît également l'importance du système plaisir/addiction/aversion, qui pilote notre apprentissage et nos comportements. Ses acteurs moléculaires principaux sont les *endorphines,* les peptides du plaisir ; la dopamine et sa capacité à générer du manque, du désir et de l'addiction mais aussi de la motivation, et des conduites à risque ; la sérotonine, qui régule nos humeurs, nos états d'anxiété, de bien-être, de phobie, de dépression. D'autres hormones interviennent dans l'expression et la gestion des émotions : le cortisol et son impact sur le stress physique ou émotionnel ; l'adrénaline, qui accélère notre cœur en réaction à une émotion pour préparer notre corps à l'action – rappelez-vous le chien fonçant sur vous tous crocs dehors… Mais ce ne sont là que quelques-uns des innombrables mécanismes qui régulent notre homéostasie, notre équilibre physique et émotionnel. Ces effecteurs ne sont par ailleurs pas indépendants, mais interagissent en cascade ou en réseau complexe, à différents niveaux et avec des variations de force comme de durée. La nature est créative !

Ainsi, à chaque événement de votre histoire personnelle, dans un contexte donné et un environnement donné, vos composants chimiques vont vous permettre de percevoir, d'analyser, de réagir émotionnellement et d'agir. À votre manière.

Pour construire votre identité, votre personnalité, il reste une composante essentielle : la mémoire, consciente ou inconsciente, celle que vos expériences plaisantes ou aversives ont forgée lors de votre apprentissage, tout au long de votre vie, et qu'elles forgeront jusqu'à la mort. Une mémoire se grave sur vos gènes, une autre s'imprime dans les circuits neuronaux de votre cerveau.

Prenons la première. On sait depuis quelques années que le potentiel d'expression de nos gènes n'est pas figé au moment de la conception ou de la naissance. L'évolution a fait apparaître des mécanismes de modification chimique de notre génome sous l'effet d'éléments extérieurs. Vous en avez peut-être déjà entendu parler, c'est *l'épigénétique*[37]. Par exemple, notre corps contient plus de 250 types de cellules différentes, toutes dérivées d'une seule cellule souche initiale : les cellules du foie ne sont pas identiques à celles du sang ou aux neurones du cerveau ; pourtant chacune des cellules qui composent un même individu contient exactement la même séquence d'ADN mais, sous l'effet de facteurs internes ou d'événements extérieurs au corps, l'expression des gènes sera différenciée. Rien de magique là non plus, mais encore de la chimie et de la complexité ! Des facteurs environnementaux ou des expériences vécues peuvent provoquer des modifications chimiques de votre génome pour constituer un *épigénome*. Cette chimie, pour le dire très simplement (que les chimistes me pardonnent encore), consiste en l'introduction par des enzymes de petits motifs chimiques à des endroits précis de votre ADN ou sur les protéines autour desquelles il s'enroule. Ces petites verrues chimiques viennent donc très finement permettre, bloquer ou réguler la transcription de tel ou tel gène, à tel endroit et tel moment, dans telle ou telle cellule. C'est pourquoi cette mémorisation génétique de votre histoire modifie votre identité, objective et subjective, de manière temporaire ou durable, et parfois transmissible à votre descendance. Les mécanismes biochimiques de cette mémoire génétique sont de mieux en mieux connus et laissent espérer de nouvelles approches thérapeutiques.

La deuxième forme de mémoire est celle qui se grave dans les méandres de votre cerveau, d'expérience en expérience, positive ou négative, et dont vous tirerez les conséquences, consciemment ou inconsciemment, en adaptant votre comportement émotionnel, sentimental ou simplement physique à la situation afin, pour faire simple, de reproduire les causes de plaisir et éviter celles de souffrance. Vous vous êtes brûlé une première fois, enfant, en touchant la porte d'un four ? Ce lien de cause à effet restera gravé dans votre mémoire et vous éviterez de reproduire cette erreur. Vous aimiez caresser les chiens jusqu'au jour où le caniche de votre voisine vous a mordu sans crier gare ? Ce souvenir vous rendra définitivement anxieux à l'approche des toutous en général. Vous aviez voté François Hollande en croyant que son ennemi était la finance ? Vous deviendrez frondeur ou « déçu du socialisme ». La présence amoureuse de votre compagne ou de votre compagnon vous procure du plaisir, de la joie, un sentiment de complétion et de sécurité ? Votre désir de prolonger cette relation perdurera et guidera votre propre comportement amoureux. Cette mémoire est gravée dans les molécules et les connexions de votre cerveau.

Paradoxalement, la connaissance des mécanismes moléculaires de notre mémoire génétique a fait plus de progrès au cours du siècle dernier que celle de notre mémoire neuronale. En ce qui concerne cette dernière, grâce à l'imagerie, on a identifié relativement bien les zones du cerveau mises en jeu dans les différentes formes de mémorisation. En aval des récepteurs et des neurones sensoriels, quelques molécules impliquées dans les transmissions neuronales rapides de l'information afférente ont été identifiées – l'acétylcholine, le GABA, le glutamate, la glycine –, comme leurs récepteurs, ou des modulateurs et régulateurs de la mémoire tels que la dopamine, qui active les circuits de la récompense, ou l'adrénaline et les glucocorticoïdes, qui renforcent l'attention ou le stress en association à chaque souvenir. Le stockage de l'information semble, quant à lui, s'effectuer de manière très diffuse dans l'ensemble du cerveau en jouant sur la plasticité neuronale, la capacité de créer ou d'activer sélectivement une multitude de synapses qui constitueront en quelque sorte, des pixels ou des bits mémorisés[38]. La nétrine-1, par exemple, est une protéine qui participe au renforcement des connexions neuronales dans le cerveau adulte, et qui joue donc un rôle essentiel non seulement dans l'apprentissage, mais également dans la préservation d'une bonne mémoire. Un très grand nombre d'autres contributeurs moléculaires reste très certainement à découvrir. L'*engramme* neuronal d'un objet ou d'un événement, c'est-à-dire le support chimique et biologique d'une mémoire, reste encore très flou, trop complexe pour être caractérisé dans sa globalité.

L'homme subjectif pourrait donc, lui aussi, être moléculaire, ou plus exactement sa subjectivité pourrait l'être. Il est doté des outils biochimiques lui permettant de percevoir et d'interpréter le monde qui l'entoure ainsi que son corps et sa place dans ce monde. Ses gènes préconditionnent sa personnalité. Son interaction avec l'environnement construit au fil du temps son histoire personnelle, qui s'inscrit consciemment ou inconsciemment dans son épigénome et ses réseaux neuronaux, ce qui conditionne son affectivité et son comportement. Déçu ? Inquiet ? Rassuré ?

Mais finalement, c'est quoi la vie ?

Il y aurait évidemment de multiples manières d'aborder le sujet. La vie, c'est quoi pour Démocrite et Platon, Descartes et Spinoza, Sartre et Camus, Danton et Robespierre, Péguy et Jaurès, Sarkozy et Mélenchon, Badinter et Le Pen, Gandhi et Jean-Paul II, Thatcher et Lady Gaga, Freud et Lacan, Reiser et Peynet, l'amante et la religieuse, mon chien qui remue la queue et mon chat qui ne la remue pas ? Pour le saint-bernard et le chihuahua, pour les amibes de mes amis et les amis de mes amibes ? Pour les acariens de mon lit et ceux de la croûte d'Époisses ? Pour le bulbe et le blob[39], le lichen et le corail, pour chikungunya et Ébola ? On n'en sait rien, on ne sait pas, et c'est bien comme ça.

Que suis-je, qui suis-je ? Je n'ai évidemment pas répondu de manière satisfaisante à ces questions existentielles et essentielles. Pardon, Jean. Je voulais juste montrer que les scientifiques ont tout de même élucidé un grand nombre de déterminants moléculaires du vivant, du corps matériel mais aussi de la conscience percevante, y compris pour ses aspects émotionnels et comportementaux. Cependant, nous sommes encore à des années-lumière d'une compréhension globale de la vie. La complexité des interactions moléculaires mises en jeu, leur intégration dans l'espace et dans des temps très courts ou très longs, leurs interactions subtiles avec l'environnement, restent et resteront pour longtemps (toujours ?) des obstacles infranchissables. On pourrait penser que ce trou noir de l'ignorance est un espace métaphysique, ou encore une *métachimie*, un univers au-delà de la chimie. Je ne le crois pas. Il s'agit selon moi d'une réalité moléculaire inaccessible à notre intelligence du fait de sa complexité. « *L'incapacité évidente de la physique et de la chimie actuelles de rendre compte de pareils événements n'est nullement une raison pour douter de la possibilité pour ces deux sciences d'en donner un jour l'explication* », nous rassure pourtant Schrödinger, optimiste, dans son *Qu'est-ce que la vie ?*[40] J'en suis moins convaincu et je ne l'espère pas. La part de mystère, de beauté et de poésie qui subsistera attise notre curiosité, suscite notre émerveillement et nous rend la vie supportable en lui donnant quelque sens.

Mon ami Jean m'offre pour conclure ce chapitre, cette citation de Montaigne : « *La peste de l'homme, c'est l'opinion de savoir*[41]. » Bien sûr, mais selon moi, renoncer à savoir en serait le choléra.

3

Aimer à n'en savoir que dire[42]

Maintenant que nous sommes réconciliés avec la vie, abordons l'amour, ce que l'on en sait, mais surtout ce que l'on en ignore.

Éros, philia, storgê, agapè

Nous sommes d'accord, il n'y a qu'une raison de vivre vraiment sérieuse, c'est l'amour. Mais de quoi parlons-nous ? Qu'est-ce que l'amour ? Je vais tenter de faire ici le point sur ce que les sciences dures nous en disent aujourd'hui, depuis la molécule jusqu'aux émotions, aux sentiments, aux comportements, et réciproquement. Ce sera surtout l'occasion de vous dire ce que l'on en ignore.

Commençons par préciser de quoi l'on parle. L'amour, c'est vaste ! J'aime mes parents (ou pas), mes enfants, mon chien. J'aime mes amis, le bon vin, la nature, le silence. J'aime mon compagnon, ma compagne. J'aime Jésus, Mahomet, Bouddha, Zarathoustra ou le Flying Spaghetti Monster. J'aime mon prochain comme moi-même ! Heureusement, depuis 2 500 ans, les philosophes ont fait le ménage dans tout ça. Ils s'accordent plus ou moins aujourd'hui pour distinguer trois ou quatre formes d'amour, qu'ils désignent depuis les Grecs anciens par les termes d'*éros, philia, storgê* et *agapè*. En voici une définition brève et simpliste.

L'*éros* est l'amour romantique, passionnel, celui qui focalise notre esprit et notre énergie sur cet autre avec qui nous pensons pouvoir atteindre une heureuse complétude. Platon le définit ainsi : l'amour (*éros*) est désir et le désir est manque[43]. La force motrice en serait donc le désir de combler un manque pour donner un plein sens à sa vie par une fusion corporelle et spirituelle. Pas besoin d'en dire plus, je pense que vous avez compris de quoi il s'agit, de cet élan irrationnel qui nous enflamme. La *philia,* quant à elle, serait de tout autre nature. Elle est définie comme l'amour porté à un être ou un objet dont on se réjouit de l'existence. Pas de manque dans ce cas-là, mais au contraire la joie de partager des instants heureux avec l'autre. À la différence de l'*éros,* la *philia* doit théoriquement être dénuée de toute connotation sexuelle. On réserve ce terme à l'amitié mais on l'étend souvent à l'amour des parents pour leurs enfants et à celui des enfants pour leurs parents. Les Grecs ont créé une sous-catégorie pour cette dernière forme d'amour familial, en la baptisant *storgê*. Il nous reste enfin l'*agapè*, qui correspond à l'amour universel et désintéressé de son prochain, de l'humanité dans son ensemble. Il paraît que cela existe... à voir. Les frontières entre ces quatre catégories sont bien sûr un peu floues et poreuses, mais cette structuration reste utile pour définir un cadre de lecture et d'analyse. Nous nous en contenterons.

Quel que soit le type d'amour considéré, il se manifeste par des émotions, des sentiments, des comportements particuliers. Que peut en dire le chimiste ? Eh bien, il ne devrait pas s'autoriser à en dire grand-chose, mais voilà, le chimiste est curieux et cherche à trouver partout des mécanismes moléculaires à l'œuvre. Rappelez-vous, il est convaincu que tout est fait de molécules et de vide... Pourquoi pas l'amour ?

Jusqu'à l'aube des années 2000, l'étude de la passion amoureuse était réservée aux philosophes, aux écrivains, aux poètes. Quelques « psys » s'en étaient également emparés, mais les sciences dites « dures » ne savaient pas comment l'aborder. Dans la première édition, sortie en 1986, de son livre référence *Biologie des passions*[44], le pharmacologue français Jean-Didier Vincent avait abordé l'*éros* sur le plan physiologique, mais les molécules impliquées n'avaient pas encore été identifiées pour lui permettre de descendre au niveau mécanistique. Il a fallu attendre la mise en lumière du rôle de l'ocytocine sur les comportements d'attachement social pour que ce premier fil à tirer ouvre la voie à une explosion d'investigations translationnelles, du gène au comportement social, autour de l'*éros* et de ses compères. Le thème était très porteur et les médias populaires ainsi que les investisseurs opportunistes n'ont pas attendu longtemps pour dévoyer ou exploiter certaines découvertes, sans les précautions d'usage. Ainsi, l'ocytocine est devenue abusivement « l'hormone de l'amour » et de nombreuses sociétés en ont fait leur fonds de commerce, sans vergogne et sans efficacité. Reprenons ensemble quelques poncifs sur l'amour-*éros*...

Du plaisir au manque

On ne désire que ce que l'on n'a pas, mais dont on a la connaissance plus ou moins floue de la possible existence. L'amour serait désir et le désir serait manque selon Platon, mais manque de quoi ? Manque de plaisir ? Manque de sécurité ? Manque de sens ? Un peu des trois ? D'où vient ce manque ? D'un sevrage ? Sevrage à quoi ? Peut-être à l'ocytocine et aux endorphines qui ont imprégné votre joli et perméable cerveau de nourrisson lorsque vous avez soudain débarqué dans ce monde de dingues, sans l'avoir demandé[45] ? Après l'horrible passage dans l'utérus de votre mère, ce muscle qui a malaxé votre crâne, vos épaules et vos hanches, une bouffée d'air a soudain déployé violemment vos alvéoles pulmonaires, l'oxygène a scarifié votre gorge, vos bronches, tous vos poumons. Les parois de votre nid douillet ont disparu, vous lâchant dans un espace sans fin, sans rebords. Un froid terrible a drapé votre corps. Vos yeux se sont mis à distinguer des formes floues et inquiétantes penchées sur vous. Après les cris de votre matrice, d'autres voix sont venues gargouiller à vos oreilles des gazouillis incompréhensibles et effrayants. Que sont ces rangées de dents qui se veulent sourires, ces sourcils qui s'agitent au-dessus des deux globes qui vous scrutent ? Vous en souvenez-vous ? De ces moments d'horreur, de terreur et de souffrance ? De *l'inconvénient d'être né*[46] ?

Et soudain, des mains vous enserrent et vous posent sur une peau chaude et moelleuse, celle que vous ne connaissiez que de l'intérieur mais qui vous est un peu familière, celle de votre mère. De la chaleur, enfin, une surface rassurante contre laquelle se blottir, et une voix connue, un peu moins sourde que celle qui vous a bercé pendant des mois, mais un repère, une balise dans ce monde nouveau. La douleur dans vos poumons s'estompe mais une autre, plus profonde, surgit au creux de votre ventre, la faim, la soif. Votre bouche explore l'espace, la surface environnante, en aveugle. Une tétine, enfin, à laquelle s'aboucher, juste à la bonne taille, agréable aux lèvres, douce à la langue et aux gencives édentées. Une voix légère vous encourage, allez. Vous posez vos mains sur l'aréole délicatement granuleuse, vous la pressez, son parfum vous envahit, tout votre corps aspire et se tend… et le chaud nectar coule enfin dans votre bouche, dans votre gorge, jusqu'à satiété. Plaisir du toucher, plaisir du goût, plaisir de l'odorat, plaisir de l'ouïe, plaisir du ventre… Le plaisir des yeux viendra plus tard, progressivement. Volupté ! Vous voilà rassasié, repu, reposé, rassuré, béat de plaisir et de gratitude. Encore un petit rôt et ce sera le pied ! Bienvenue, joli petit tas de molécules, expulsé sans ménagement sur cette Terre hostile ! Tu as trouvé une compensation, une raison de vivre, tu as goûté au pur plaisir et tu vas en redemander, toute ta vie.

J'ai dit « molécules » ? Oui, bien sûr, quoi d'autres ? Mais lesquelles ? L'ocytocine, en premier lieu[47]. En se fixant sur son récepteur, c'est elle qui déclenche les contractions et l'accouchement. C'est aussi cette molécule qui limite la souffrance de l'enfant pendant le passage de l'utérus et bien après, lorsque son nouvel environnement vient l'agresser. Elle régule l'inflammation, notamment lors de l'invasion du corps par les bactéries de la peau et du tube digestif. Elle déclenche la maturation et le bon développement des neurones, qui passent de l'état embryonnaire à l'état mature, permettant au nouveau-né de mieux percevoir les signaux émotionnels du monde qui, désormais, l'entoure. Cette même hormone facilite les comportements de succion et l'éjection du lait maternel en permettant la contraction des glandes mammaires. Elle est également sécrétée en forte concentration en réponse au contact peau à peau de l'enfant et de ses parents, renforçant par là le phénomène d'affiliation, les comportements maternel et paternel, l'apprentissage du comportement social. L'ocytocine associe ces différentes fonctions affectives à une stimulation des endorphines, donc aux médiateurs du plaisir, mais aussi aux mécanismes de renforcement et d'addiction contrôlés en grande partie par la dopamine et ses récepteurs. En bonus, l'ocytocine induit un effet apaisant en agissant sur le stress par l'intermédiaire de la sérotonine et du cortisol… À partir de là, on peut donc spéculer que ces premiers plaisirs intenses, mémorisés profondément dans le cerveau et sur les gènes du nouveau-né par épigénétique, seront sources de manque et donc moteurs de désir. Platon est content, Freud aussi, sans doute : la science leur apporte quelques biscuits.

Avant de s'emballer, remettons cependant les choses à leur place. L'implication des hormones et des neurotransmetteurs que je viens de mentionner dans les différentes actions présentées est effectivement démontrée chez l'animal et, parfois seulement, chez l'humain, dans des conditions expérimentales particulières. Cela signifie que l'on est capable de mesurer les variations de concentration de ces molécules dans le sang ou dans le cerveau lors de l'activation des fonctions étudiées. Parfois, on peut moduler ces fonctions en administrant ces molécules de manière exogène ou en perturbant leurs récepteurs. Cependant, ces quelques hormones ne sont pas à elles seules la cause de ces fonctions, ni même leur effet. Ce ne sont que quelques rouages d'une machinerie moléculaire extraordinairement complexe. Vouloir réduire le plaisir aux endorphines, l'attachement à l'ocytocine et la dépendance à la dopamine est une aberration scientifique. Le patrimoine génétique inné et un réseau incommensurable d'interactions moléculaires diverses interviennent dans tous ces processus vitaux. Ces sondes permettent néanmoins d'avancer sur le chemin de la connaissance et de mettre au jour quelques mécanismes régulateurs de nos comportements.

Ces précautions prises, spéculons avec lucidité sur la suite des événements !

La rencontre

« Si l'on me presse de dire pourquoi je l'aimais, je sens que cela ne se peut exprimer qu'en répondant : "Parce que c'était lui, parce que c'était moi[48]*."* », nous explique Montaigne à propos de sa relation « philiaque » avec La Boétie. Voilà une formule fort juste, qui dit tout et n'explique rien, sans doute parce que c'est inexplicable. Regardons nos limites en face.

Peu après la naissance, ses premières souffrances et ses plaisirs originels, on avance dans la vie, d'expérience en expérience, au gré des rencontres. Nombre d'entre elles sont neutres, vierges d'émotions et d'apprentissages. Certaines susciteront de la crainte, de l'anxiété, de l'aversion. D'autres, au contraire, seront sources d'empathie, d'attirance, de désir, d'affection, d'attachement. Très rarement, une rencontre provoquera les cinq à la fois, refermant le piège de l'*éros*.

Le désir à lui seul n'est évidemment pas de l'amour, mais il n'est pas simple pour autant à comprendre au niveau physiologique ou moléculaire. S'il y a désir, c'est qu'il y a manque, conscient ou inconscient. Celui de toucher un corps, de l'embrasser et de s'y coller peut être compris comme le réveil du manque inconscient des plaisirs primaux ; ceux que nous évoquions auparavant, ressentis par le nouveau-né au contact de sa mère et de son père. Mais *quid* de la source de la pulsion sexuelle ? Je laisserai au psychologue ou au psychanalyste le soin de continuer à creuser cette affaire. À ma connaissance, les sciences dures ne peuvent, quant à elles, pas dire grand-chose des mécanismes en jeu pour l'initier et la diriger, sauf à observer certaines zones du cerveau s'activer et la testostérone grimper en flèche dans le sang. Conséquence plutôt que cause, sans doute, mais déclencheur essentiel de manifestations physiques nécessaires au passage à l'acte. D'autres hormones et neurotransmetteurs sont mobilisés pour oxygéner les tissus, les vasculariser, les ériger, les lubrifier. Nous retrouverons, comme toujours, ceux que nous connaissons : adrénaline, sérotonine, ocytocine. Il n'y a pas réellement de *phéromone* connue pour l'être humain, même si l'estratétraénol et l'androstadiénone ont été soupçonnées de contribuer à l'attirance et à l'excitation. Les beaux discours ont pris la place des odeurs attirantes, au moins pour la simple attirance sexuelle. En effet, si le désir s'intègre dans une volonté de reproduction, d'autres facteurs semblent être mis en jeu : la symétrie du corps ou la qualité de la peau et des cheveux comme indicateurs de bonne santé ; les proportions du corps comme indice de puissance pour l'homme, de fécondité pour la femme ; certaines odeurs spécifiques, non pas comme stimulants sexuels mais comme codes-barres du système immunitaire de la personne approchée. On aurait, au cours de l'évolution, appris à trouver beaux ces critères physiques et agréables, ces parfums qui sont autant de facteurs augmentant la probabilité de se reproduire et de donner à sa descendance davantage de chances de vie et de survie.

Pourquoi elle, pourquoi lui ? Les scientifiques ont quelques éléments de réponses, mais bien superficiels si l'on prend conscience de l'extraordinaire complexité des déterminants génétiques, sensoriels, historiques et environnementaux qui gouvernent notre attirance et notre focalisation sur un individu plutôt qu'un autre[49]. Tout est bien sûr moléculaire, mais ocytocine, dopamine, testostérone, sérotonine à elles seules n'induiront jamais un coup de foudre. Bref, on n'y comprend rien et le philtre d'amour n'existe pas. Tristan et Yseult peuvent faire leur vie avec qui bon leur semble et échapper aux potions des chimistes-sorciers d'hier et de demain.

La déclaration

Parmi les centaines de personnes que vous avez croisées, vous venez de jeter votre dévolu sur cet homme, sur cette femme. Vos parents, vos amis, vous-même ne comprenez pas forcément pourquoi. Les scientifiques non plus, on le sait.

Pour de mystérieuses raisons, vous gommez les imperfections physiques et les défauts comportementaux de l'heureux ou de l'heureuse élue. Vous ne voyez plus, béate ou béat, qu'un être parfait, désirable, qui semble pouvoir donner sens à votre vie et combler ce manque qui dormait en vous. Doux aveuglement. On ne sait qu'une chose sur ce phénomène, c'est que l'ocytocine est largement responsable de cette nécessaire « néecécité », sinon le monde serait peuplé (pour un temps limité seulement) de célibataires lucides et stériles.

Bon, il faut y aller, il faut approcher cet être, objet de votre obsession amoureuse, et espérer une réciprocité. Le premier contact est sans doute visuel, vos regards se croisent. Vous dilatez inconsciemment vos pupilles pour que l'autre remarque et lise en vous ce feu qui vous brûle. Son regard s'attarde, accroche le vôtre. Ses pupilles se dilatent à leur tour et vous laissent le pénétrer pour une exploration du fond de l'œil et, plus loin, des replis du cerveau et des sentiments qui y naissent. Lectures croisées, premières pénétrations, empathie ! La porte du désir, des sentiments partagés et de l'attachement est entrouverte. Bien joué !

Si vous tenez à savoir ce qui s'est passé au niveau de vos molécules à ce moment-là, eh bien, les photons échangés sont venus activer la molécule de rétinal logée dans les récepteurs qui tapissent vos rétines. Les images projetées sont remontées le long des nerfs optiques par échanges ioniques de proche en proche le long des *axones* de ces cellules nerveuses, puis par transmission du message d'un nerf à l'autre dans les synapses, grâce à quelques neurotransmetteurs se fixant sur leurs récepteurs... Vous connaissez tout ça maintenant. Au bout du trajet, l'image a été analysée par votre cerveau, on ne sait pas comment. Elle a provoqué la sécrétion de dopamine, responsable du réveil d'un manque enfoui, et d'endorphines, pour y associer un peu de plaisir. L'ocytocine explose alors dans vos deux cerveaux, renforçant l'empathie et donnant naissance à une forme d'attachement (on ne sait pas comment). Vous voilà accrochés, il n'y a plus qu'à dérouler. Bon, vous pouvez aussi vivre cette expérience en vous souciant peu de vos ébats moléculaires respectifs. Cela vaut d'ailleurs sans doute mieux. Une nouvelle fois, vous l'avez compris, cette description scientifique est bien loin de la complexité de ce qui se joue à ce moment-là. La mémoire génétique et émotionnelle de chacun des partenaires est notamment présente en toile de fond et vient orchestrer ce ballet moléculaire de manière absolument indéchiffrable. Modestie.

Après le regard vient probablement la parole, verbale ou écrite, *medium* de séduction chez les humains à la place de la communication olfactive chez les animaux.

Que dire des mécanismes moléculaires de la pensée et du langage ? Rien, parce qu'on n'en sait pas grand-chose. Comment le cerveau élabore-t-il un concept, une image ? De quelle manière exhume-t-il de sa mémoire et organise-t-il les mots pour les décrire ? Comment les poumons, les cordes vocales, les muscles de la gorge, de la bouche, de la langue, des lèvres se coordonnent-ils pour produire un son cohérent et signifiant, qui viendra se propager comme une onde dans les molécules d'air qui vous séparent, jusqu'à vos nerfs auditifs, votre cerveau… jusqu'à provoquer en vous cet émoi ? Au niveau moléculaire, on ne le sait pas !

Après le regard et la parole vient le toucher. On bavarde, on bavarde et puis les mains se frôlent, se touchent, s'attardent au-delà d'un simple hasard. Les cerveaux larguent de l'adrénaline en masse, les récepteurs de cette hormone travaillent à fond, les cellules cardiaques se contractent et se dilatent de concert à un rythme d'enfer, les cœurs accélèrent, il va se passer quelque chose d'important et tous les tissus ont besoin d'oxygène supplémentaire pour gérer tout ça. Premiers contacts peau à peau. Les barorécepteurs captent la pression agréable et en informent le cerveau. L'ocytocine, encore elle, est sécrétée dans l'hypothalamus et diffuse sa douceur attachante dans tout votre corps pour qu'il se souvienne. Main dans la main, poitrine contre poitrine, lèvres contre lèvres... l'affaire est bouclée. Un baiser prolongé et vous voilà accrochés sentimentalement pour un bon moment, quelques semaines, mois ou années. L'*éros* et l'ocytocine ont frappé, la flèche vous a cloués l'un à l'autre. Début d'une passion ?

La passion

On croque la pomme et c'est sacrément bon ! Faire l'amour, lorsque c'est consenti et bien fait, c'est très agréable. Le faire avec l'être aimé donne une autre dimension à l'affaire. On atteint des sommets sur lesquels il va falloir rester aussi longtemps que possible en mêlant désir, assouvissement, sentiments et attachement. Qu'est-ce que le chimiste peut en dire ? Comme toujours, pas grand-chose. Les acteurs sont toujours un peu les mêmes, sans doute parce qu'on n'en a pas découvert d'autres. Pendant cette période, un certain aveuglement persiste, une ignorance des défauts de l'autre, une idéalisation dont on est seul responsable. Il y a également, en général, une polarisation sur l'être aimé, une mise à distance de tout ce qui pourrait nous en détourner. Il a été montré que l'ocytocine est un facteur clé de ce processus. Un petit spray nasal de cette hormone et vous tenez à distance les tentatrices, si vous êtes un homme hétérosexuel amoureux[50]. Elle est aussi nécessaire à la préparation des sexes au coït, à l'érection pour l'homme et à la vascularisation du sexe pour la femme. Elle est enfin sécrétée massivement au moment de l'orgasme, sans doute pour associer du plaisir à cet acte nécessaire à la procréation et pour prolonger l'attachement entre les deux partenaires. Testostérone, dopamine et adrénaline sont aussi présentes et contribuent également à l'acte sexuel tant sur le plan du désir que sur celui de l'assouvissement lui-même. Une fois la chose faite, le cortisol décroît avec le stress, la sérotonine produit un sentiment de bien-être... tout ça pour rendre la copulation agréable et donner l'envie de recommencer, jusqu'à procréation, épuisement du désir, lucidité retrouvée, usure des sentiments. L'amour est désir et le désir est manque, disait Platon. La passion satisfaite est-elle condamnée à mourir ?

L'érosion (mais si...)

> *« Rien n'est jamais acquis à l'homme, ni sa force*
> *Ni sa faiblesse, ni son cœur. Et quand il croit*
> *Ouvrir ses bras, son ombre est celle d'une croix*
> *Et quand il croit serrer son bonheur, il le broie*

Sa vie est un étrange et douloureux divorce
Il n'y a pas d'amour heureux. [...]
Le temps d'apprendre à vivre il est déjà trop tard
Que pleurent dans la nuit nos cœurs à l'unisson
Ce qu'il faut de malheur pour la moindre chanson
Ce qu'il faut de regrets pour payer un frisson
Ce qu'il faut de sanglots pour un air de guitare
Il n'y a pas d'amour heureux.
Il n'y a pas d'amour qui ne soit à douleur
Il n'y a pas d'amour dont on ne soit meurtri
Il n'y a pas d'amour dont on ne soit flétri
Et pas plus que de toi l'amour de la patrie
Il n'y a pas d'amour qui ne vive de pleurs
Il n'y a pas d'amour heureux [...][51]. »

Qu'adviendrait-il de Sisyphe s'il atteignait le haut de la montagne avec son rocher ? Combien de temps durerait sa jouissance ? Que resterait-il de sa lutte vers les sommets, de son désir de grimper ? Quel serait alors le sens de sa vie ? Assis là-haut sur son bloc de pierre, il faut imaginer Sisyphe dépressif et suicidaire, ou repartant vers d'autres sommets à gravir. En serait-il ainsi de l'amour ? Je ne le crois pas. Mais c'est sans doute le sort inéluctable de la passion amoureuse. D'une certaine manière, la passion est une addiction, un besoin irrépressible de partager du plaisir avec son ou sa partenaire. Le manque est son moteur, la dopamine et la testostérone son carburant, le plaisir sa récompense. Cependant, toute drogue induit une accoutumance, pas seulement physiologique ou psychologique, mais également chimique. Les neurones bombardés régulièrement de dopamine et d'endorphines finissent par se protéger de cette activation excessive en faisant disparaître progressivement les récepteurs de la surface de leur synapse. C'est le phénomène de désensibilisation cellulaire. Il faudra augmenter la dose de drogue pour obtenir le même effet récompensant. Mais ce processus a ses limites : le nombre de récepteurs restant accessibles, la quantité de drogue ingérable sans toxicité. L'amante ou l'amant atteindra également ses limites par une satisfaction du manque, une érosion du plaisir et du désir, un crépuscule de la passion. Contrairement à ce qui se prétend, se publie ou se vend, l'amour ne dure pas trois ans. Je n'ai trouvé aucune étude scientifique validant cette assertion. De plus, ce n'est pas l'amour qui se dégrade, mais la passion amoureuse. L'amour ne peut être réduit à cette période initiale de perte de lucidité et d'emportements émotionnels. L'*éros* peut évoluer en *philia*... ou en *miso*, voyons cela.

Les amours finissent mal ?

Selon Aragon ou les Rita Mitsouko, les amours finiraient mal. Mais de quoi parlent-ils ? Est-ce l'amour ou la passion amoureuse ? Une fois le désir érodé, il reste les sentiments et un lien profond, un plaisir à vivre ensemble dans la durée. Il suffit de transformer l'*éros* en *philia*, c'est-à-dire le manque de ce que l'on n'a pas en jouissance et en réjouissance de ce qui est, de ce que l'on a. Facile à dire, pas impossible à faire. Si les liens entre partenaires étaient sincères et profonds, dénués de trop d'égoïsme, si la lucidité sur soi-même et ses passions aveugles l'emportent, la mutation est possible. Le jeu moléculaire est toujours à la manœuvre dans ces jolis tas trop humains, mais comment en découvrir les mécanismes subtils et l'évolution dans le temps ? Illusoire, bien entendu. La testostérone va se calmer un peu, la dopamine va la mettre en sourdine, ce sera la victoire de l'ocytocine, de la sérotonine, du cortisol… au service d'un attachement véritable, serein et bienheureux… bien que manquant de reliefs et de joies paroxysmiques, sans doute. Attention à l'ennui. Voilà quelques marqueurs, mais de là à comprendre quoi que ce soit…

Une autre issue à la passion amoureuse est souvent la haine, *miso*. Si l'usure est univoque, si la rupture est le fait de l'un des partenaires alors que l'autre est encore trop ancré dans l'illusion d'un *éros* sans fin, d'une *philia* sans faille, le chagrin et la douleur éclatent. Trois manières de les gérer selon les analyses, anciennes déjà mais toujours sensées, d'Henri Laborit : l'agressivité, la fuite ou la dépression[52]. Pour rester au niveau des déterminants moléculaires, chacun réagira à sa manière en fonction de sa nature génétique profonde, de son vécu, de son identité forgée au cours du temps et des événements. Chez les agressifs, on note de manière attendue une augmentation de la testostérone, ainsi que du cortisol inducteur de stress, et une diminution de l'activité de la sérotonine, facteur habituel de bien-être. Chez le dépressif, les taux de dopamine et sérotonine s'effondrent, aboutissant à une perte de désir, de motivation, à un mal-être et une régression corporelle. Reste la fuite, qui se traduit souvent par un abandon à des partenaires sexuels multiples en évitant soigneusement sentiments et attachement. Dopamine et testostérone restent actives mais l'ocytocine est en berne et la sérotonine fluctue. C'est tout ce que peuvent observer les pharmacochimistes, ce qui leur permet de proposer un peu d'aide en cas de souffrance insupportable : anxiolytiques, antidépresseurs, psychotropes, autant de molécules qui permettront de rétablir les équilibres mentionnés précédemment en agissant sur les récepteurs ou les transporteurs des hormones et neurotransmetteurs défaillants. Si vous vous méfiez des chimistes, je vous conseille vivement la lecture des *Remèdes à l'amour (Remedia amoris* en latin) du poète Ovide[53]. Dans ce poème d'un peu plus de 800 vers, il enseigne l'art de désaimer en six leçons, ou comment guérir de la passion amoureuse. Instructif, salutaire et sans « médocs ».

Si l'on confine l'amour à l'*éros*, et plus encore à la passion amoureuse et ses coïts macroscopiques, on constate que les chimistes n'ont pu identifier qu'une petite bande d'influenceurs, toujours les mêmes : dopamine, adrénaline, sérotonine, cortisol, testostérone, ocytocine... et leurs coïts moléculaires avec leurs récepteurs respectifs. C'est une avancée importante des vingt dernières années. Elle n'en est pas moins ridiculement limitée devant l'ampleur d'un monde métachimique à l'œuvre, à jamais indéchiffrable dans ses recoins moléculaires. Vous l'avez compris, l'amour est probablement l'un des moteurs principaux de nos vies et, comme tous nos actes, sa source et ses ressorts sont d'une extraordinaire complexité. Il est soumis, comme le reste, à nos prédispositions génétiques, aux modifications épigénétiques gravées dans nos gènes et aux souvenirs mémorisés dans nos cerveaux tout au long de notre vie par notre histoire personnelle et notre environnement. Comme celle du Graal, la quête de mécanismes moléculaires impliqués dans nos emportements amoureux est sans fin, mais elle n'est pas vaine, elle s'inscrit dans une soif de connaissance bien humaine et peut ouvrir, dans certains cas, la voie au développement de médicaments susceptibles d'apaiser des souffrances. Dernier point : cette connaissance ne va certainement pas changer quoi que ce soit à vos vies. Rangez-la dans un coin de votre tête et laissez-vous porter par vos sentiments et vos désirs pour vivre pleinement votre destin, en attendant la mort.

> « *Nous aurons des lits pleins d'odeurs légères,*
> *Des divans profonds comme des tombeaux,*
> *Et d'étranges fleurs sur des étagères,*
> *Écloses pour nous sous des cieux plus beaux.*
>
> *Usant à l'envi leurs chaleurs dernières,*
> *Nos deux cœurs seront deux vastes flambeaux,*
> *Qui réfléchiront leurs doubles lumières*
> *Dans nos deux esprits, ces miroirs jumeaux.*
>
> *Un soir fait de rose et de bleu mystique,*
> *Nous échangerons un éclair unique,*
> *Comme un long sanglot, tout chargé d'adieux ;*
>
> *Et plus tard un Ange, entr'ouvrant les portes,*
> *Viendra ranimer, fidèle et joyeux,*
> *Les miroirs ternis et les flammes mortes*[54]. »

4

C'est ainsi que les hommes meurent

Les femmes aussi.

« *Elle fit un gros pet. Bon ! dit-elle en se retournant, femme qui pète n'est pas morte. Ce furent les derniers mots qu'elle prononça* », nous confesse Jean-Jacques Rousseau, sans se dégonfler[55]. Regardons cela de plus près.

Il paraît que ce qui caractérise notre humanité et nous différencie de l'animal, c'est la conscience de notre finitude, de la mort. J'en doute. Lorsque les araignées dans mon salon m'aperçoivent avancer, un balai à la main, elles comprennent très bien que leur vie est menacée. Les faucheux dans leur toile se mettent à vibrer rapidement à plus de 24 oscillations par seconde en espérant, trop tard certes, disparaître à ma vue. Les coureuses tentent d'abord l'immobilisme, puis sautent et galopent très exactement le long de l'angle entre le mur et le sol pour que mon balai rageur ne puisse pas les atteindre. Elles savent ce qu'elles risquent et mettent en œuvre des stratégies pour y échapper. Atavisme ou fruit de leurs observations ? Bien malin qui serait capable de savoir ce que pensent exactement ces animaux, et dans quel langage.

Et l'Homme ? Savons-nous que nous allons mourir ? Certainement, mais pour combien de dénis inconscients ! Et que savons-nous exactement de la mort, de notre mort ? Que ne voulons-nous pas savoir ? Désolé, en compagnie de Baudelaire, je vais essayer de vous mettre face à cette charogne qui vous guette, depuis votre mort cellulaire jusqu'à votre dernière demeure, aussi gaiement et poétiquement que possible.

Et si on se mettait d'accord ?

Qu'est-ce que la mort ? Sur cette question (existentielle !), nos deux clans dualiste et moniste se querellent déjà depuis l'Antiquité, et sans doute depuis bien avant. Pour Platon (dans *Phédon*), la mort se définit comme le moment de la séparation du corps matériel et de l'âme immortelle, qui peut alors rejoindre le monde des Idées. Pour nos amis Démocrite, Épicure et Lucrèce, le corps et l'esprit sont indissociables de l'être et la mort est la dispersion de nos atomes et la privation définitive de sensation. Elle n'est pas à craindre, puisqu'elle n'est rien pour les vivants et plus rien pour les morts[56]. Je n'entrerai pas dans les multiples interprétations religieuses que ce passage du vivant à autre chose a pu susciter. Restons sur ce qui est objectivable et laissons les philosophes, les théologiens et les poètes discuter à leur façon de la nature et du destin de l'esprit.

Retour au concret : à quel moment peut-on affirmer qu'une personne est morte ? Quand l'organisme a cessé de vivre, certes... Mais comment caractériser cette fin de vie ? Selon l'approche médico-légale contemporaine, il existe au moins deux morts : la mort clinique et la mort cérébrale.

Si l'individu a cessé de respirer et que son cœur est à l'arrêt, on serait tenté de conclure au décès. Mais nous savons tous qu'une assistance médicale intervenant dès les premiers instants de l'arrêt cardiorespiratoire peut encore relancer la machine, qui va reprendre son fonctionnement autonome avec plus ou moins de dégâts. Si cet arrêt se prolonge, les médecins vérifient que la personne n'a plus d'activité musculaire autonome ni de réflexes. Ils pourront alors prononcer la mort clinique.

Pour la mort cérébrale, c'est un peu plus compliqué. Il ne faudrait pas la confondre avec un état végétatif ou un coma, l'un comme l'autre étant parfois réversibles. On parle d'état végétatif lorsqu'une personne présentant des lésions cérébrales semble éveillée, mais qu'elle n'effectue pas d'actions volontaires et ne répond pas aux stimuli extérieurs. Elle peut exercer des mouvements automatiques de base, comme la respiration, le bâillement ou la déglutition, mais ne peut rien faire d'intentionnel. Si cet état persiste plusieurs mois, il est improbable que la personne se rétablisse. L'état végétatif est différent du coma, car les yeux de la personne peuvent être ouverts et elle semble éveillée. Le coma, quant à lui, est défini comme la perte prolongée de la conscience et de la sensibilité. On distingue quatre stades de plus en plus sévères. Le premier est celui dit de l'« obnubilation ». La possibilité de communication est réduite à des grognements, le patient répond encore à des stimuli douloureux. L'électroencéphalogramme montre un rythme ralenti. Au stade 2, on constate une disparition de la capacité d'éveil de la personne, plus aucun contact n'est désormais possible. La réaction aux stimuli douloureux est toujours observable, mais plus ou moins inappropriée. L'électroencéphalogramme montre des ondes lentes et diffuses avec réactivité aux actions extérieures réduite. Au stade 3, on parle de coma profond. Il n'y a plus aucune réaction aux stimuli douloureux, des troubles respiratoires apparaissent. L'électroencéphalogramme montre des ondes diffuses, sans réactivité aux stimulations extérieures. Le stade 4 correspond au coma dépassé, la vie du patient n'étant maintenue que par des moyens artificiels. Est-il mort ? Presque, si l'on veut, mais à vérifier.

L'Organisation mondiale de la santé animale considère la mort comme « *la disparition irréversible de l'activité cérébrale mise en évidence par la perte des réflexes du tronc cérébral*[57] ». L'organisme peut être maintenu en vie par des appareils de respiration et des médicaments, mais les personnes ne sont pas conscientes, elles ne peuvent ni penser ni ressentir quoi que ce soit, elles ne peuvent ni bouger ni respirer spontanément, leur cerveau cesse de contrôler les fonctions corporelles automatiques, telles que le battement cardiaque et la tension artérielle. Avant de pouvoir déclarer quelqu'un en état de mort cérébrale, une procédure spéciale est idéalement à suivre : observer deux électroencéphalogrammes plats, sans aucune activité électrique, à six heures d'intervalle, et pratiquer une angiographie pour vérifier qu'il n'y a plus de circulation sanguine. Les personnes en état de mort cérébrale sont considérées comme légalement décédées.

Voilà pour la mort des humains, mais la vie s'étend bien au-delà de nos petites personnes. Comment définir la mort d'un animal, d'un insecte, d'une plante, d'un champignon, d'une bactérie ? Il faut revenir aux fondamentaux, à la composante élémentaire du vivant, la cellule, et aux molécules qui la constituent, la nourrissent et la tuent.

La cellule est l'unité de base de toute vie. Elle peut à elle seule constituer un être vivant, qui sera dit unicellulaire. Ce sont par exemple les bactéries, ou les microbes comme la paramécie, qui hantent nos cours d'eau et meurent sous les lentilles des microscopes des cours de sciences de la vie et de la terre. Ce sont des petites villes fortifiées, avec une membrane périphérique qui définit leur contour et garantit leur intégrité. Elles produisent leurs protéines, qui assurent leurs fonctions vitales et enclenchent leur reproduction. Cependant, ce système ne peut pas vivre en circuit fermé, ce serait contraire au second principe de la thermodynamique[58] et… au bon sens. Les molécules dont cette cellule est constituée, les matériaux de la cité, proviennent de l'extérieur, tels quels ou sous forme de matière première qui sera transformée par la cellule elle-même en ses éléments propres : ADN, ARN, protéines, lipides, etc. Cette transformation requiert de l'énergie. Les sources d'énergie sont prélevées dans l'environnement immédiat sous forme de molécules complexes, comme le glucose qui, à l'instar du gasoil, sera « brûlé » avec un comburant, l'oxygène, pour libérer les kilocalories nécessaires aux réactions chimiques intracellulaires. Voilà pour ce qui entre. À l'intérieur de la cité, les transformations moléculaires produisent des déchets, comme dans nos villes. De nouveau, la cellule aura besoin d'énergie et d'oxygène pour décomposer ces déchets moléculaires, les stocker et les expulser de son enceinte, maintenant ainsi un équilibre, une homéostase avec son milieu ambiant. Tout ceci évolue de manière réactive et dynamique dans le temps pour permettre à la cellule de vivre assez longtemps pour se diviser, se reproduire ou contribuer à une fonction tissulaire qui la dépasse. Une cellule, ça naît, ça vit, et ça meurt aussi. Pourquoi ? Comment ?

Commençons par le pourquoi. Pour une cellule, en quoi peut-il être utile de mourir ? Pour éviter la surpopulation ? Pour que l'organisme auquel elle appartient puisse se débarrasser des handicapées, des individus âgés moins efficaces, des inutiles et des nuisibles ? Pour régénérer et protéger l'ensemble auquel elle appartient ? Un peu de tout ça. Certaines cellules n'ont de fonction qu'à certaines étapes du développement. Elles doivent disparaître du corps une fois leur mission accomplie. D'autres cellules, comme celles du derme et de l'épiderme, doivent mourir pour constituer un rempart, une première barrière de protection contre l'extérieur de l'organisme. Les plus anciennes, arrivées à la surface, quitteront votre jolie peau sous forme de pellicules ou de desquamation. Certaines cellules prolifèrent à un moment donné pour une raison précise, par exemple les globules blancs pour absorber et évacuer les intrus en cas d'infection. Il faut ensuite en débarrasser l'organisme, sous la forme de jolis boutons et bubons purulents. Des cellules peuvent parfois être infectées par des virus et préfèrent mourir plutôt que de servir d'hôtel de prolifération pour l'envahisseur opportuniste. De manière plus générale, les cellules se multiplient en se divisant pour assurer la croissance ou la régénérescence d'un organisme, mais certaines doivent mourir pour que cette prolifération ne soit pas sans limites et hors de contrôle. C'est malheureusement ce qui se passe localement lorsqu'une cellule devient cancéreuse.

Comment meurt une cellule ? Eh bien, comme nous : de vieillesse, par suicide ou par manque de nourriture, d'eau, d'oxygène, ou encore à cause d'une maladie ou d'une agression. Dans certains cas, elles disparaissent discrètement, sans prévenir les amis, les voisins, sans laisser de traces. Dans d'autres situations, elles auront le temps de lâcher quelques cris moléculaires pour alerter le tissu qui les héberge et enclencher une réaction de défense immunitaire globale. On distingue deux grandes catégories de décès. La première, la plus étonnante, est la mort programmée : l'*apoptose*.

Qu'est-ce qui se cache sous ce joli nom ? Une forme de suicide moléculaire, un processus qui a été identifié en 1972 par John Foxton R. Kerr, un professeur de pathologie australien. Cette apoptose contribue à la mise en forme de l'organisme, à son intégrité et son équilibre, en éliminant les cellules endommagées ou néfastes. Cette mort cellulaire s'enclenche par exemple au cours du développement embryonnaire pour contrôler notre anatomie. Ainsi, la formation des doigts d'un embryon se fait par élimination de cellules par apoptose à partir d'une main initialement rectangulaire. Certaines connexions neuronales embryonnaires doivent aussi être éliminées par ce processus pour aboutir à un cerveau mature fonctionnel à la naissance, dans son nouvel environnement. L'apoptose permet par la suite l'élimination de cellules, par exemple si l'ADN de cellules potentiellement cancéreuses n'est pas réparé par les mécanismes compétents ou si nos cellules s'attaquent à notre propre organisme et le menacent. Puisque nous sommes moléculaires, quels sont les mécanismes responsables de ce suicide programmé ? Ils sont l'objet d'études intensives, puisqu'ils pourraient constituer des variables sur lesquelles jouer pour maîtriser certains cancers. Et ils sont, comme le reste, horriblement complexes. On y retrouve tout une danse macabre d'enzymes, de récepteurs, de transporteurs et d'architectures moléculaires qui agissent en cascade ou en réseau pour aboutir à une ouverture des mitochondries, un compartiment essentiel de la cellule. Cela provoque la libération d'une enzyme oxydante, le cytochrome C, qui active une famille d'autres enzymes, les caspases, qui à leur tour agressent des endonucléases, ce qui conduit à une perturbation du repliement de l'ADN et au chaos dans la cellule. Elle perd son volume et tout contact avec les cellules voisines. Sa membrane est alors dégradée et envoie des signaux qui appellent les cellules alentour à venir phagocyter les fragments restants. Table rase, les varlets nettoyeurs[59] ont fait le ménage. Toute une série de facteurs peuvent enclencher ce processus mortel sous le contrôle de 3 gènes pour l'amorçage, et de 11 autres pour la destruction programmée : le manque de nutriments ou d'oxygène, des lésions de l'ADN, des agents extérieurs de stress ou d'inflammation comme les anticorps du récepteur Fas, le TNF (*Tumor Necrosis Factor*) ou la perforine qui, comme son nom l'indique, se loge dans la membrane de la cellule et y crée des perforations, des fuites. Mortelle crevaison.

L'autre manière de mourir pour une cellule est la nécrose. Elle résulte le plus souvent d'un défaut d'alimentation en oxygène à la suite d'un arrêt cardiorespiratoire ou d'un accident vasculaire cérébral. La destruction de la cellule se fait souvent par éclatement dû à un afflux d'eau vers l'intérieur. Cette mort spectaculaire déverse le contenu cellulaire sur les voisines, ce qui déclenche une inflammation au niveau des tissus environnants, contrairement à l'apoptose. On a découvert récemment que la nécrose peut, elle aussi, parfois être programmée et régulée[60]. Des récepteurs ou des enzymes aux noms barbares (RIP-1 et -3 pour « *Receptor-interacting protein kinase* 1 ou 3 », *Toll-like receptors* 3 et 4, etc.) sont impliqués dans l'amorçage de la nécrose et activent notamment l'enzyme MLKL (*Mixed lineage kinase domain-like protein*), qui modifie et perméabilise la structure de la membrane cellulaire pour conduire *in fine* à cette explosion. Je ne vais pas vous égrainer toutes les autres protéines qui sont impliquées. Les scientifiques n'en ont d'ailleurs pas fait le tour. Qu'elle soit accidentelle ou nécessaire, la nécrose est encore un exemple de complexité impliquant récepteurs, enzymes, gènes, transporteurs dans une explosion fatale.

Autant l'apoptose est un mécanisme régulateur nécessaire au développement harmonieux de l'organisme, autant la nécrose cellulaire se traduit malheureusement la plupart du temps par une nécrose tissulaire et engendre de gros dommages dans le fonctionnement d'organes vitaux, comme le cœur ou le cerveau.

Une cellule qui meurt, c'est un événement banal, une pellicule sur votre épaule, un cheveu qui disparaît à jamais avec son bulbe. Certaines seront rapidement régénérées, comme celles de votre peau ou de vos intestins, d'autres le seront peut-être très lentement, ou plus ou moins altérées, comme les neurones ou les cellules cardiaques, d'autres enfin ne le seront jamais, comme celles de vos dents. En revanche, certaines cellules ne meurent pas, ou difficilement, ce qui peut conduire à des proliférations incontrôlables, à des cancers envahissants et fatals.

Que l'apoptose soit déréglée ou qu'une nécrose accidentelle vous frappe, dès lors que le processus se propage de cellule en cellule au point d'envahir un tissu ou un organe vital, la mort pointe le bout de sa faux. Que se passe-t-il alors, de vie à trépas ? Que devient notre corps ? Des prêtres et des embaumeurs se sont penchés sur la question depuis des siècles, bien sûr, mais depuis une cinquantaine d'années, des scientifiques s'y mettent aussi, dans des laboratoires bien particuliers : les fermes des corps ; *body farms* en anglais. Vous connaissez ?

Les fermes des corps

> *« Au détour d'un sentier une charogne infâme*
> *Sur un lit semé de cailloux*[61] *»*

Vous aurez peut-être la chance de vieillir, de voir votre peau perdre son élasticité et sa douce texture, votre squelette se rabougrir, votre pilosité, ou ce qu'il en reste, prendre une couleur filasse ou blafarde, le temps d'observer avec curiosité que votre vue et votre ouïe s'estompent, que vos jambes ne vous portent plus et que vos dents se font la belle. À moins que vous ne préfériez mourir plus jeune ?

Vous pourrez peut-être aussi voir apparaître quelques taches de vieillesse sur vos mains et votre visage, observer des escarres noirâtres sur votre corps et subir des incontinences nauséabondes… Mais vous ne jouirez pas du spectacle des phases suivantes et ultimes de votre décomposition, de votre métamorphose de vieux bébé tendre en charogne froide, puis en poussière moléculaire que vous rendrez, inconscient mais généreux, au grand Tout dont vous êtes issu. Frustrant, n'est-ce pas ?

Jusqu'au siècle dernier, le passage de vie à trépas et l'observation des mutations du corps qui s'ensuivent faisaient partie du vécu de proximité. Que ce soit devant la grand-mère sur son lit de mort, à côté des cadavres sur les champs de bataille ou dans les rues lors des grandes épidémies, chacun avait l'occasion de constater les effets spectaculaires de ce passage obligé vers un au-delà. La littérature nous en a rendu compte avec lyrisme, précision ou dégoût. Les prêtres nous font croire que les plus sages d'entre nous renaîtront de leurs cendres dans la gloire de leurs plus beaux jours. Les embaumeurs, quant à eux, essaient, à notre demande, de sauver les apparences, et nous en profitons pour détourner le regard et fuir cette évidence : nos molécules vont foutre le camp dans un feu d'artifice pestilentiel. Mais toutes les morts ne se ressemblent pas, et les scientifiques ont décidé de mettre un peu de rigueur dans l'étude de ce processus de décomposition. Ils ont pour cela créé des laboratoires particuliers, des instituts fermés ou à ciel ouvert, où ils s'attellent à observer des charognes humaines en décomposition, les *Fleurs du mal* à la main, sans doute, pour satisfaire notre soif de connaissances, au-delà du dernier souffle.

Bienvenue dans les fermes des corps !

Il ne s'agit pas réellement de fermes telles que nous les connaissons ; on ne va pas mettre en culture ou en élevage des cadavres pour produire des revenants, des zombis ou du soleil vert[62]. Non, ce sont des centres de recherche très académiques où l'on s'active cependant à « semer » des cadavres dans des milieux et des conditions très variés pour les observer se décomposer, à la loupe et au microscope. Charmant, non ? Mais bien utile pour notre connaissance du vivant en général, et pour la médecine légale en particulier.

L'idée a germé en 1981 aux États-Unis, dans le cerveau d'un anthropologue de l'université du Tennessee à Knoxville, le docteur William M. Bass[63]. Il souhaitait sortir les cadavres des laboratoires pour les exposer à des éléments naturels, plus proches des contextes et des environnements réels du décès. Des terrains relativement isolés ont été transformés en camps retranchés, entourés de barbelés pour abriter quelques bâtiments de recherche et... les dépouilles encore chaudes de quelques généreux donateurs. Ces corps ont été légués à la science après consentement éclairé du vivant des personnes, mais aussi donnés par certaines familles en absence d'indications du défunt, parfois pour la recherche, parfois, on le soupçonne, pour faire l'économie des obsèques ou solder quelques vieilles rancunes. L'objectif de ces instituts est d'observer minutieusement les corps se décomposer à des fins médicales, policières, légales ou éducatives. Comment se métamorphose un corps issu de mort naturelle, empoisonné, noyé, tué par balle, poignardé, pendu, étranglé, brûlé, nu, habillé, déplacé ? En milieu fermé ou à l'extérieur ? Dans le désert, la neige ou dans une forêt humide ? En présence de mouches, de vautours, de prédateurs carnivores, d'animaux de compagnie ? Eh bien, cela dépend, et des chercheurs se rendent chaque jour au travail dans ces centres de recherche très particuliers pour se poser ces questions et tenter de nous apporter des réponses aussi précises que possible. Sympa comme boulot, non ?

On compte moins d'une dizaine de fermes de ce type dans le monde, officiellement. Six ou sept aux États-Unis, de la Floride dans le sud au Michigan dans le nord, une en Australie et une, au frais, au Canada. Les Anglais se contentent pour le moment d'observer pourrir des cochons... Bien évidemment, la création de telles installations se heurte souvent à la réticence des habitants du coin pour des raisons éthiques mais aussi, de manière plus pragmatique, par simple dégoût, par crainte des odeurs, de la contamination des eaux ou de la dévalorisation de leur patrimoine immobilier par cet embarrassant voisinage. Le risque que les vols de vautours viennent perturber le trafic aérien a même été invoqué près de l'aéroport d'une petite ville du Texas. En réponse, les autorités ont repoussé plus loin un ranch de 17 kilomètres carrés pour que ces charmants animaux et les villageois puissent casser la croûte en paix, chacun de leur côté. Bon appétit !

Soyons un peu plus précis encore...

Précis de décomposition cadavérique[64]

> *« Oui ! telle vous serez, ô la reine des grâces,*
> *Après les derniers sacrements,*
> *Quand vous irez, sous l'herbe et les floraisons grasses,*
> *Moisir parmi les ossements[65]. »*

Baudelaire avait déjà bien perçu et rendu ce qui nous attend, cette métamorphose inéluctable qui s'enclenche dès notre dernier souffle, notre dernière bouffée d'oxygène, car c'est bien avec cet événement que s'amorce notre passage d'être vivant à celui de charogne.

Une des critiques classiques de l'approche moléculaire du vivant et du « réductionnisme » consiste à dire que le corps est composé des mêmes molécules quelques secondes avant sa mort et quelques secondes après. Le vivant ne saurait donc être réduit à sa seule composition chimique, puisqu'elle ne suffit pas à lui insuffler la vie. C'est ignorer un paramètre essentiel : le corps n'est pas un système moléculaire fermé, il est au contraire en équilibre dynamique permanent avec son environnement, et la différence essentielle entre la composition moléculaire d'un mort et celle d'un vivant est précisément l'arrêt de l'absorption d'oxygène. C'est peut-être même la meilleure définition que l'on peut donner de la mort : l'arrêt prolongé (quelques secondes, quelques minutes) de l'oxygénation des cellules et des tissus, et les dégâts irréversibles que cela engendre sur les organes vitaux, particulièrement le cerveau, qui consomme environ 20 % de l'oxygène que nous respirons.

L'oxygène, cette petite molécule toute simple et si importante… On peut se passer de boire quelques jours, de manger quelques semaines, mais se passer de respirer n'est tolérable que quelques minutes seulement. Cela est vrai pour tous les animaux et la plupart des êtres vivants sur Terre, à part quelques extrêmophiles exotiques. La première fonction de l'oxygène est de donner de l'énergie à nos cellules, et par là à l'organisme dans sa globalité. Le cerveau, et d'une manière générale les neurones, sont de grands consommateurs d'oxygène. En cas d'arrêt respiratoire, les conséquences sont immédiates et catastrophiques. Au-delà de cinq minutes à température ambiante, les cellules cérébrales meurent et, au-delà de dix, les lésions deviennent irrémédiables. La mort cérébrale se profile, et derrière elle, le long cortège de dégradations de tous les tissus.

Privées d'oxygène et d'énergie, les cellules perdent leur capacité de régulation, d'adaptation et de réparation. Elles commencent rapidement leur autolyse, c'est-à-dire leur dégradation sous l'effet de métabolites toxiques qui s'accumulent et de l'augmentation de l'acidité interne. Leur équilibre hydrique (entrée et sortie d'eau), acido-basique (régulation du pH), ionique (concentrations en sodium, potassium, chlore) et oxydo-réducteur (capture des électrons) est rompu. Les canaux membranaires laissent entrer sans contrôle des ions et des molécules d'eau. Les enzymes qui coupent, oxydent, hydrolysent s'attaquent sans régulation à de nouveaux substrats et se mettent à décomposer les protéines, les acides nucléiques et les membranes cellulaires. La cellule gonfle puis éclate, libérant ses composants moléculaires agressifs dans le milieu et propageant la nécrose à ses voisines et au tissu qu'elles constituent.

La mort des cellules n'est pas un phénomène instantané, on a même constaté que l'expression de certains gènes se réveille à ce moment-là, dans un dernier sursaut, pour tenter de survivre ou parce que libérés des répresseurs du vivant. Cela ne dure qu'une douzaine d'heures avant extinction finale. Par ailleurs, tous les organes ne meurent pas en même temps. Cela commence généralement par le foie, riche en enzymes, et le cerveau, qui a une teneur en eau élevée. On peut pendant quelque temps prélever des organes encore intacts alors que le donneur est décédé. L'arrêt de la circulation sanguine et du transport d'oxygène entraîne cependant la propagation de la mort cellulaire et l'apparition de ses manifestations extérieures. On observera en premier lieu une baisse progressive de la température du corps, à raison d'1 °C par heure en moyenne, passant de 37 °C jusqu'à convergence avec la température ambiante.

Les cellules des parois des vaisseaux sanguins se dégradent, libérant en partie le sang de ses circuits habituels. Celui-ci se répand dans le corps par simple gravité, provoquant une pâleur générale et l'apparition de taches couleur lie-de-vin dans les parties basses immobilisées, sauf sur les zones compressées par son propre poids. Ces colorations sont visibles une à deux heures après le décès et augmentent d'intensité pendant quelque temps.

Puis vient la raideur. En l'absence de source d'énergie et sans régulation hormonale, du calcium est massivement libéré dans les fibres musculaires, provoquant leur contraction involontaire et une rigidification progressive des paupières, de la nuque et des mâchoires, avant de se propager aux doigts et aux membres. Il faudra attendre la dissipation du calcium hors des cellules pour que les muscles se décontractent à nouveau.

Souvenons-nous que, depuis notre naissance, nous vivons en symbiose avec notre microbiote intestinal, une population d'environ 50 000 milliards de bactéries, soit à peu près autant que nos propres cellules. De notre vivant, leur prolifération est régulée par l'environnement et par notre corps, notamment notre système immunitaire. Avec la mort, ce système n'est plus opérant et nos bactéries peuvent alors s'en donner à cœur joie avec ce qu'elles ont sous la dent, c'est-à-dire nous. Elles se propagent librement dans tout le corps, en commençant par là où elles sont le plus nombreuses, l'intestin. Cela se manifeste entre vingt-quatre et soixante-dix-huit heures après la mort par l'apparition d'une tache verdâtre sur la paroi de l'abdomen. C'est le premier signe visible de la putréfaction.

Après s'être nourries des déchets présents dans les intestins, les bactéries chercheront leur nourriture plus loin, dans les capillaires du système digestif et les ganglions lymphatiques, puis atteindront le foie et la rate avant de se régaler du cœur et du cerveau. L'oxygène venant à manquer, les différentes espèces de bactéries finiront par entrer en compétition, à l'avantage de celles qui pourront proliférer en s'en passant, les anaérobies. Pour survivre, elles se nourriront des tissus du corps, en fermentant les sucres pour produire des sous-produits gazeux tels que le méthane (CH_4), le sulfure d'hydrogène (H_2S) et l'ammoniac (NH_3). Ces gaz s'accumuleront dans le corps et gonfleront l'abdomen.

L'hémoglobine qui stagne encore dans les vaisseaux sanguins sera également transformée par les bactéries en un pigment plus foncé, ce qui va accentuer les marbrures apparentes des veines et la pâleur de la peau environnante. Le cadavre perdra par ailleurs son intégrité, commencera à puruler et à exhaler les gaz nauséabonds de putréfaction.

> *« La puanteur était si forte, que sur l'herbe*
> *Vous crûtes vous évanouir*[66]*. »*

Les premières heures suivant le décès, le corps a une odeur un peu écœurante de viande froide, puis la décomposition des protéines le fait tendre vers une forte odeur de fromage, comme un bon vieux munster bien fait. Le nom de quelques molécules simples émises à ce moment-là, cadavérine et putrescine, est assez évocateur. À cela s'ajoute l'odeur rance de la décomposition des graisses. Répulsive pour nous, mais très attirante pour les charognards, à commencer par les mouches. Si le corps n'est pas dans un endroit parfaitement clos, par l'odeur alléchés, ces insectes remonteront le gradient de concentration des gaz échappés et découvriront avec jubilation (j'imagine) un terrain propice à leur ponte, les divers orifices autrefois défendus et les plaies désormais généreusement offertes.

> *« Les mouches bourdonnaient sur ce ventre putride,*
> *D'où sortaient de noirs bataillons*
> *De larves, qui coulaient comme un épais liquide*
> *Le long de ces vivants haillons*[67]*. »*

En effet, chaque mouche dépose quelques centaines d'œufs qui éclosent dans les vingt-quatre heures, donnant naissance à de jolis petits asticots pleins de vie et de gourmandise. Le nid a bien été choisi par maman mouche, car il n'y a qu'à ramper un peu pour se nourrir de la chair en putréfaction, jusqu'à la mutation en larves, puis en nouvelles mouches qui n'auront pas à aller bien loin pour trouver un autre terrain de jeu et de reproduction.

« Tout cela descendait, montait comme une vague,
Ou s'élançait en pétillant ;
On eût dit que le corps, enflé d'un souffle vague,
Vivait en se multipliant[68]. »

Le cycle se répète jusqu'à ce que le buffet soit vide, ce qui prend généralement moins d'un mois. Selon l'endroit où gît le corps, d'autres charognards peuvent s'inviter au festin : acariens, fourmis, guêpes, araignées. Ce sont les œufs et les larves des mouches qui les régalent plutôt que les tissus en décomposition. Il y en aura pour tous, parfois même pour quelques gros animaux sauvages, ou même ceux qui vous tenaient compagnie[69].

Dans la ferme des corps de l'État du Texas, au sein du département d'anthropologie, les chercheurs ont observé le comportement de vautours sur un cadavre humain. Après une première visite pour grignoter les yeux de la victime, une trentaine de rapaces sont venus pour débarrasser, en cinq heures seulement, le corps de ses chairs. Ils sont retournés sur place à de nombreuses reprises durant le mois suivant pour disperser les éléments du squelette.

Dans la ferme des corps de la Colorado Mesa University (Whitewater, Grand Junction), deux chats errants sont venus régulièrement grignoter le bras, le sein et d'autres tissus de deux cadavres déposés là, en observation. En gourmets délicats, ils ont abandonné leur festin dès que la putréfaction a commencé. Voilà pour quelques observations scientifiques en milieu contrôlé, mais il s'en passe aussi de belles à domicile. Méfiez-vous de vos 50 millions d'amis domestiques.

On a trouvé des personnes décédées chez elles par suicide ou mort naturelle, la tête arrachée, dévorée par leurs chiens, des bergers allemands, ou dépecées au niveau du cou à peine quarante-cinq minutes après le décès. Par vengeance ? Par amour ? Je t'aime, moi non plus.

> « *Derrière les rochers une chienne inquiète*
> *Nous regardait d'un œil fâché,*
> *Épiant le moment de reprendre au squelette*
> *Le morceau qu'elle avait lâché*[70]. »

Les chats peuvent aussi parfois profiter de l'aubaine et grignoter le cadavre de leur ancien maître défunt. Une dizaine de ces charmants animaux de compagnie ont cependant manqué de discernement en dévorant la peau de la tête et du cou, la langue, le larynx et une partie des bras de leur jeune maître suicidé par prise de médicaments. Ils ont été retrouvés morts eux aussi, quatre heures après. La nourriture devait être empoisonnée...

Méfiez-vous aussi de votre générosité. Un pinson et un hamster de compagnie sont venus grignoter les cadavres de leurs anciens maîtres qui les avaient libérés avant de se donner la mort. Si votre don de soi ne va pas jusque-là, passez le Styx avec eux ou alors lâchez-les dans la nature plutôt que dans votre chambre mortuaire.

Revenons à nos cadavres livrés aux seules mouches du coche. Que se passe-t-il après la disparition des tissus ? Les cheveux tombent avec la putréfaction du cuir chevelu. Les poils disparaissent également en même temps que la peau se décompose. Tout ce qui n'a pas été mangé par des asticots finit par se détacher du corps sous forme de liquides putrides. En revanche, les ongles se décomposent beaucoup plus lentement, car c'est de la corne qui se conserve mieux. À la fin du processus de décomposition, il ne reste plus que le squelette et les ligaments. Ces derniers s'assèchent et rétrécissent, les doigts et les orteils se désunissent en premier, suivis des grosses articulations.

Ce processus ne va pas sans provoquer parfois quelques surprises et frayeurs. Dans la ferme des corps australienne près de Sydney, un cadavre a été observé par des caméras pendant six à dix-sept mois[71]. Les chercheurs ont constaté que certains os se déplaçaient spontanément de manière spectaculaire, un bras pouvant par exemple remonter puis redescendre le long du corps. Cette gesticulation *post-mortem* n'est que le résultat de la déshydratation des ligaments, qui provoque leur rétrécissement et entraîne ainsi les os encore attachés pour un temps. Cette danse macabre a cependant un terme et le squelette finit par se disloquer progressivement avant d'entamer sa propre dégradation et retourner à la poussière...

À ce propos, n'imaginez pas que vous ne laisserez aucune trace de votre passage de vie à trépas. Votre décomposition va « ... *rendre au centuple à la grande Nature / Tout ce qu'ensemble elle avait joint*[72]. » et notamment, si les animaux ne vous ont pas emporté au loin, quelques dizaines ou centaines de grammes d'azote, de phosphore, de potassium et d'autres minéraux provenant de la décomposition moléculaire de vos tissus. Ce ne sera pas perdu, c'est peut-être même trop. Dans un premier temps, cette manne chimique tuera une partie de la végétation sous-jacente et environnante, peut-être en raison de la toxicité de certains composants trop concentrés. Trop d'engrais tue la plante... mais au bout du compte, vos restes seront bénéfiques pour l'écosystème environnant. La biomasse microbienne entourant le cadavre est plus riche que dans les environs. Les vers de nématodes, associés à la désintégration et attirés par les nutriments filtrants, proliféreront et la vie végétale deviendra alors plus abondante et diversifiée. Ce sera votre dernier geste écologique.

Nous ne sommes plus,
alors qui sommes-nous encore ?

Que reste-t-il de « *... la forme et l'essence divine / De mes amours décomposés*[73] *!* » ? Nos connaissances actuelles sur *ce que nous sommes* et sur *qui nous sommes* sont encore très floues, du point de vue du chimiste tout au moins ; des autres disciplines aussi, je présume. Nous sommes faits de milliards de milliards de molécules circulant dans un corps aux frontières indéfinies et perméables, puisque notre vie est conditionnée par les molécules que nous absorbons (eau, oxygène, nutriments) et rejetons (eau, CO_2, déchets), et ce en permanence. Le flou s'étend même plus loin, car ni vous ni moi ne pourrions vivre sans les myriades de bactéries accrochées à nos tissus, en synergie avec nos organes vitaux. Elles sont aussi nombreuses que nos propres cellules et font partie intégrante de notre corps pensant et agissant. Leur population varie elle aussi en permanence, au gré de notre histoire et de notre environnement. Même si notre génome, notre protéome et notre métabolome (un terme qui semble fantaisiste mais qui définit de façon tout à fait sérieuse l'ensemble des métabolites) sont maintenant décryptés, nous sommes encore loin de pouvoir dresser un inventaire exhaustif des composants moléculaires de notre organisme et de ses hôtes. Vertigineux, n'est-il pas ?

Voilà pour le *que suis-je*.

Et c'est encore plus complexe quand il s'agit de savoir *qui* nous sommes. Notre identité, à la fois objective et subjective, résulte d'un vaste brassage moléculaire. L'incroyable complexité des interactions entre nos gènes, influencés à la fois par l'hérédité et l'environnement, ainsi que notre mémoire génétique ou pharmacologique, maintient pour longtemps – peut-être toujours – le mystère de la vie telle que nous la percevons et la ressentons.

La mort physique de l'individu, de son corps et de son esprit serait la perte de l'équilibre fragile de ce système par carence irréversible de l'un ou l'autre de ses éléments constitutifs, à commencer par le plus essentiel, l'oxygène. Nous venons de suivre, molécule à molécule, l'enchaînement fatal de la décomposition du corps. *Je* est devenu *un autre*, ou plus précisément autre chose. Si notre corps, dans son intégrité floue, est définitivement mort, les molécules dont il était fait et la vie qu'elles lui insufflaient, continuent cependant leur route sous d'autres formes. L'entropie a gagné la partie.

Nos atomes ont retrouvé leur liberté. Certains ont pris leur envol, enserrés dans des bulles de méthane inflammable, d'hydrogène sulfureux pestilentiel, de CO_2 polluant ; d'autres ont rejoint les minéraux de notre croûte terrestre ou le ruisseau, puis la rivière et enfin la mer. Mais, pour certains, la vie continue, sous d'autres formes. Quelques-unes de vos jolies molécules ont probablement transité par le tube digestif de l'asticot qui vous aimait tant, avant de rejoindre son ADN ou ses excréments ; d'autres ont peut-être fini au fond de l'œil de la mouche qui se pose sur le nez de vos petits-enfants ou la joue du curé. Espérons que vos lipides et glucides ne finiront pas dans l'estomac de Felix, votre chat, ou Coco, votre cochon d'Inde (les intéressés se reconnaîtront). Il y a encore peu à craindre des vautours sous nos climats, mais cela viendra. En revanche, il ne vous sera sans doute pas déplaisant d'imaginer que vos atomes seront récupérés dans le sol par les racines du pissenlit ou du chêne voisin, pour contribuer à leur épanouissement et à leur dissémination dans la nature, à moins qu'ils ne finissent dans le bois des planches d'un autre cercueil que le vôtre. Les voies du destin moléculaire sont impénétrables... En revanche, rien n'est venu contredire Lavoisier, qui affirmait déjà en 1789, dans son célèbre *Traité élémentaire de chimie*[74], que « *rien ne se perd, rien ne se crée, tout se transforme* ». Révolutionnaire, non ? La bonne nouvelle est que votre mort n'est pas une disparition, mais une dispersion, plus engageante, la dispersion des atomes qui ont pour un temps fait de vous ce que vous étiez. Votre vie est finie, mais la Vie (vous aurez remarqué la majuscule) continue en embarquant vos atomes et vos molécules, dans une infinie diversité de formes, le tout en perpétuelle métamorphose. Le vertige s'intensifie.

Et encore, voilà seulement ce qui concerne le corps. Mais le reste, le *qui* ? Que reste-t-il de votre identité, de vos pensées, osons le mot : de votre âme ? Si Platon a raison, elle a rejoint le monde des Idées. Cela vous fait une belle jambe. Si nos curés ont raison, elle batifole entre Enfer, Paradis et Purgatoire en attendant une éventuelle réincarnation. Il faudra alors récupérer vos atomes dispersés chez les uns et les autres pour occuper ce grand vide que vous avez laissé. Bon courage. Ce que je crois savoir (oxymore !) c'est que votre *qui* ne sera désormais plus perception de vous-même par vous-même, faute de support matériel à votre esprit, mais qu'il subsistera une perception de votre identité profonde et de votre passage sur Terre dans la mémoire des autres et les traces matérielles que vous aurez laissées. C'est ainsi que votre âme survivra, non pas dans une abstraction inconsistante, mais dans la matière de vos créations et les coïts moléculaires des cerveaux de ceux qui se souviendront de vous.

Voilà de quoi donner un sens à la vie, non ?

Dernières demeures

Vous aimeriez que votre cadavre puisse échapper à sa putréfaction naturelle ? Quelles sont les différentes possibilités qui s'offrent à vous ? Peut-être pas nombreuses, ni plus engageantes... Laissez-moi vous aider à choisir, en toute connaissance de cause.

Sauvons les apparences

Entre le moment de votre décès et celui où vous disparaîtrez du paysage des vivants, vous aurez peut-être à cœur de vous présenter sous un jour esthétiquement aimable, par fierté et par élégance posthumes, ou par égard pour vos proches et le souvenir qu'ils garderont de vous. Cela nécessite de gommer les stigmates de votre décomposition pendant quelques jours au moins, voire quelques années ou l'éternité si vous avez vécu en dictateur ou en pharaon.

Cette mascarade est pratiquée depuis des millénaires par des embaumeurs talentueux[75], mais concentrons-nous sur les possibilités qui s'offrent à vous, personnellement, dans un futur que nous souhaitons plus ou moins lointain. Il existe trois niveaux envisageables de conditionnement de votre dépouille : les soins de présentation, ceux de conservation temporaire et ceux, plus rares, de conservation définitive.

Le but est d'échapper à la malédiction baudelairienne, donc à l'état de charogne, en évitant autant que possible la putréfaction. Le minimum consiste donc à protéger le corps défunt des mouches et autres insectes nécrophages, mais aussi de l'attaque de ses tissus par ses propres bactéries, en interne ou sur la peau. Les soins minimaux sont dits « de présentation ». On procède à un lavage complet du corps avec une solution désinfectante pour le débarrasser au mieux des bactéries de surface. Il faut également donner, au moins au visage qui dépassera du linceul, une apparence hypocritement sereine pour rassurer les familles sur le sort qui les attend lors de leur propre passage de vie à trépas. Les yeux seront fermés, naturellement ou à l'aide de colle, pour éviter aux visiteurs de se confronter à un regard vide, éperdu ou réprobateur. La bouche sera elle aussi condamnée par une colle ou une ligature reliant maxillaire et mandibule, en tâchant de ne pas trop trahir l'ex-sourire du défunt. Un coup de peigne, un peu de maquillage et un stockage au frigo pour ralentir tous les mécanismes chimiques et biologiques de décomposition des tissus, le temps de trouver un prêtre, un imam, un rabbin, un fossoyeur et de rassembler la famille, et le tour est joué.

Toutes les religions acceptent les pratiques de soin de *présentation*, avec parfois leurs propres officiants. Ce n'est pas le cas des soins de *conservation* du corps, la thanatopraxie. Les musulmans, les juifs, les bouddhistes et les orthodoxes n'en veulent pas. Les catholiques et les protestants l'acceptent. Les agnostiques hésitent et les athées font ce qu'ils veulent. La clientèle est donc limitée, mais la pratique prospère. En quoi consiste cette opération *post-mortem* ? Il s'agit effectivement d'une intervention de nature médicale, qui doit être pratiquée par un spécialiste diplômé. L'objectif est de maintenir en bon état de conservation apparente votre corps jusqu'aux obsèques, et même un peu au-delà. En Europe, ces embaumements ont toujours été plus ou moins pratiqués, notamment dans les couches aisées de la population, selon des techniques occultes et bricolées. Mais c'est depuis la parution en France, en 1838, du livre *Histoire des embaumements et de la préparation des pièces d'anatomie normale* par le pharmacien, chimiste et académicien Jean-Nicolas Gannal[76] et son dépôt de brevet n° 1BA6018 que la thanatopraxie s'est formalisée et répandue dans le monde. Paris, peu reconnaissante, ne lui a pas offert un nom de rue, Sarrelouis, sa ville natale, non plus. Négligence, déni ou superstition ?

La thanatopraxie, concrètement, comment ça marche ? Avec un peu de chirurgie et beaucoup de chimie pour d'autres coïts moléculaires, *post-mortem* cette fois-ci. Si vous choisissez cette option, votre corps sera déposé sur le dos sur une table de préparation, parfois réfrigérée. Une fois que votre mort aura été prononcée officiellement par un médecin, vous serez mis à nu par les mains expertes de votre thanatopracteur ou de votre thanatopractrice, avec un petit linge cache-sexe pour les plus délicats. Première chose : vérifier que vous êtes bien mort... ce serait ballot de vous réveiller comme ça, en pleine sieste. On teste l'absence de pouls, le froid et la rigidité du corps, l'absence d'expression du regard. Vos bijoux, s'il en reste, sont soigneusement déposés et répertoriés pour être remis sur vous en fin de préparation ou à votre famille à l'affût. Comme pour les soins de présentation, le corps est abondamment lavé avec des produits désinfectants pour tuer un maximum de bactéries et limiter ainsi la putréfaction des tissus. Les yeux et la bouche sont fermés, histoire de rompre tout lien avec l'extérieur réticent. Une colle, généralement, suffit, une ligature discrète doit parfois la suppléer, selon que vous êtes mort la gueule ouverte ou sur une dernière crispation de la mâchoire. Vous voilà à peu près extérieurement présentable. Mais cela continue de se nécroser à l'intérieur et les bactéries de votre tube digestif poursuivent leur festin. Il va falloir passer à l'arme chimique de conservation massive. Les scientifiques ont trouvé pour cela une solution miracle, le formol, ou formaldéhyde, de formule CHO. On utilise votre circuit sanguin pour en perfuser une petite dizaine de litres et irriguer ainsi la plupart des tissus de votre corps. Les bactéries internes ne s'en remettront pas et vos cellules pourront ralentir un temps leur nécrose. Selon le niveau de conservation souhaité, on peut forcer les concentrations en formol et y ajouter d'autres molécules fongicides, sporicides, virucides (glutaraldéhyde, éthanol, méthanol). Une petite incision à la veine jugulaire et tout le mauvais sang que vous vous étiez fait, poussé par le formol, est éjecté, récupéré et détruit pour éviter toute contamination des proches. Les derniers gaz errant dans votre corps sont ensuite généreusement ponctionnés. Le praticien s'occupe enfin de vos organes par une petite incision discrète au-dessus de votre nombril. En passant par là avec son trocart, une sorte de grosse seringue, il pourra atteindre le cœur, l'estomac, la vessie et ponctionner les fluides internes qui seront éliminés. Du formol de nouveau et des produits fixatifs seront injectés un peu partout et viendront stabiliser pour un temps vos viscères avant de refermer l'incision. Vous serez remis en beauté par un dernier nettoyage, un petit rasage, une coupe de cheveux, des ongles coupés et un peu de rose aux joues. Voilà, on vous rhabille, parfume et on peaufine la position, vous êtes prêt pour le dernier voyage et la mise en bière. Le tout aura pris moins de deux heures et d'un millier d'euros. Mais vous n'y êtes pas obligé par la loi, les soins de présentation suffisent dans la plupart des cas, sauf si le corps doit être conservé à domicile, rapatrié vers un pays étranger ou sur une longue distance. La thanatopraxie est toutefois interdite en cas de mort suite à la rage, la peste, un syndrome respiratoire aigu sévère, le choléra, une fièvre hémorragique grave ou la maladie de Creutzfeldt-Jakob. Elle l'est également avant une crémation, pour éviter la propagation par le feu et les fumées des substances chimiques qui remplissent désormais vos artères et vos viscères. Vous voilà prévenu.

Il vous reste un troisième niveau, la thanatopraxie définitive, celle qui vise à vous rendre une apparence proche de celle de vos plus belles années et à la conserver pour l'éternité. Les pharaons s'y sont prêtés, avec plus ou moins de succès. Les embaumeurs de l'époque avaient bien saisi que les viscères et les tissus mous en général posaient problème, d'où l'idée de les conserver à part, dans les vases canopes. Les bandelettes évitaient aussi que le squelette n'entame une danse macabre sous l'effet de la contraction/décontraction des ligaments. Le natron, du carbonate de sodium naturel, protégeait le corps des bactéries et des moisissures, au prix d'une dessiccation qui ne laissait que la peau sur les os de ces vénérables ancêtres. Régime minceur garanti, il n'y a pas de momies obèses. Plus récemment, les camarades du camarade Lénine ont tenté de le rendre immortel dans son sarcophage de verre, son corps ainsi offert pour toujours à la communion des communistes soviétiques. On ne connaît pas le cocktail employé pour cela, sans doute de la glycérine et autres gels plus ou moins polymérisés, mais il semble probable qu'on ait dû recourir depuis à un masque de cire pour sauver les apparences. Alfred Grévin et Marie Tussaud, vainqueurs par KO technique. Et vous, tenté par la jeunesse éternelle *post-mortem* ? Eh bien, cela ne sera pas possible, en tout cas pas en France, à moins d'une dérogation exceptionnelle. La loi ne le permet pas. Vous êtes né poussière et vous devez retourner poussière.

Vous voilà donc présentable pour le jour du grand départ. Reste à choisir le moyen de transport : inhumation ? Crémation ? Aquamation ? Humusation ? Cryogénisation ?

Six pieds sous terre, c'est l'inhumation qu'elle préfère

En France et dans les pays occidentaux, l'enfouissement des corps dans les lieux aménagés pour ça, les cimetières, a longtemps été la règle pour protéger les survivants des contagions et leur permettre de disposer d'un support matériel à leur souvenir. En quoi cette pratique va-t-elle altérer votre chimie de décomposition ? Eh bien, de nouveau, tout dépendra de vos moyens et de vos choix techniques. Cercueil plombé, en chêne, en sapin, en carton ? En caveau cimenté, de surface ou enfoui ? En pleine terre ? La danse macabre de vos molécules et leur dispersion en dépendront. Vous opterez probablement pour un cercueil en bois, capitonné et cossu. Espérons qu'aucune mouche n'aura profité d'une seconde d'inattention de la famille ou du thanatopracteur pour pondre sur votre dépouille ; dans ce cas-là, les vers, « *ces noirs compagnons sans oreille et sans yeux*[77] », profiteront du festin, mais à huis clos. Au bout de peu de jours, votre habitacle ressemblera à une volière de mouches jusqu'à ce que la nourriture soit épuisée et que tout le monde, proie et prédateurs, finisse en poussière, au bout d'un temps beaucoup plus long cependant qu'en pleine nature. Si les mouches vous ont épargné (soyons optimistes) ce sont les quelques milliards de bactéries, les vôtres, ayant échappé au formol et aux différentes purges, qui entameront votre métamorphose en proliférant sur la bête, là aussi plus lentement que si vous reposiez mort sur un tapis d'herbes grasses ouvert à tous les vents.

Si vous avez opté pour une inhumation en pleine terre, le bois du cercueil se décomposera assez rapidement, ouvrant l'accès aux insectes, champignons et bactéries étrangères qui finiront les restes et « *vous* [*mangeront*] *de baisers* ». Dans un caveau bétonné, vous serez à l'abri des corps étrangers au moins une dizaine d'années, réservant ainsi vos parties consommables à vos noirs compagnons de route microbiotiques, dans un cannibalisme entre amis intimes.

L'humidité, la chaleur et l'acidité favorisent la détérioration du corps. Les climats secs ou froids la ralentissent. Choisissez bien votre cimetière. Dans un bon cercueil, au sec, dans un caveau profond et étanche, si vous avez été efficacement préparé par votre thanatopracteur, le processus total de décomposition peut prendre une bonne dizaine d'années. Profitez-en, mais n'en faites pas trop ! Lors de l'ouverture de sépultures en fin de concession, après dix, vingt, trente, quarante ans, on retrouve dans certains cas un cadavre encore bien reconnaissable au lieu du squelette écartelé ou décomposé attendu. Miracles de la foi ? Plutôt miracle de la chimie. La consommation parfois massive de conservateurs et d'antibiotiques avant le décès pourrait fournir une explication plausible à cette éradication de la décomposition bactérienne. À moins que ce ne soit l'augmentation de la sécheresse des sols ou l'amélioration des matériaux de séquestration.

Peut-être que cette perspective vous réjouit, mais elle désespère les gérants de cimetières et les communes. En paraphrasant la Genèse, « souviens-toi, Homme, tu es poussière et tu *dois* retourner poussière ». Il est moralement et psychiquement plus difficile de balancer dans un ossuaire autre chose que des os. Or les places dans les cimetières sont de plus en plus limitées, au point de provoquer dans certains endroits, villes ou villages, une vraie crise du logement posthume.

L'ouverture de nouveaux cimetières est contraire à la politique de renaturation des terres bétonnées et à la spéculation immobilière. Depuis quelques siècles, les Italiens, les Espagnols ou les Portugais proposent de passer du caveau individuel aux grands ensembles de sépultures collectives sur plusieurs étages, dans de longues constructions linéaires. Vos amis devront monter à l'échelle pour venir déposer des fleurs dans un vase suspendu et vous dire un petit bonjour. Acrobatique et vertigineux, mais cela évite au défunt le dépaysement en passant de son appartement en HLM à sa case mortuaire plus ou moins haut perchée, dans un cas comme dans l'autre « *dans des boîtes, petites boîtes, toutes pareilles*[79] ». Ces sépultures collectives n'étaient que des ébauches bien modestes comparées aux réalisations actuelles. À Santos, au Brésil, une tour mortuaire de 32 étages peut accueillir 180 000 cadavres. À Tel-Aviv, une tour similaire a été conçue pour héberger dans l'autre monde 250 000 corps. Au Japon, ces cimetières verticaux sont très répandus, avec toute la technologie propre à ce pays. Vous venez rendre visite à un ami défunt ? Un clic, et l'urne vous est apportée et présentée par un tapis roulant robotisé. D'autres pays, comme Israël, proposent un retour aux catacombes, avec de longs couloirs mortuaires où les tombes sont superposées. À chaque culture ses sources d'inspiration.

S'il n'y a plus assez d'espaces libres sur terre et sous terre, il reste encore la possibilité d'investir les mers. Moins poétique que le cimetière marin de Diaghilev, sur l'île de San Michele à Venise, ou celui de Paul Valéry à Sète, le projet est de réaliser à Hong Kong la *Floating Eternity* : une sorte de bateau de croisière pour 370 000 urnes funéraires, pouvant vous balader de port en port pour permettre aux amis, aux hommes, aux femmes ou aux enfants que vous y avez laissés de vous rendre un petit hommage de proximité lors du passage du navire. Espérons que votre squelette aura le pied marin pour cette ultime croisière[80].

Cette offre de logements collectifs semble moins prisée en Europe. On étudie ici ou ailleurs la possibilité d'accélérer les décompositions en ventilant les caveaux, en remplaçant le chêne des cercueils par des bois moins résistants (ça sent le sapin), par du carton ou par un simple linceul de coton ou de lin posé à même la terre. Les Norvégiens ont même pensé procéder par injection de produits chimiques dans les tombes. Efficacité oblige. Plus élégant et branché, si vous avez la fibre écolo et l'âme sylvestre plutôt que giboyeuse, choisissez le cimetière bio et les cercueils organiques biodégradables. À moins que le projet « *Capsula Mundi* » conçu par des designers italiens ne se réalise : créer des cimetières forestiers[81]. Ils vous proposent d'être enseveli en pleine terre, en position fœtale, dans des capsules biodégradables en forme d'œuf. Le plant d'arbre ou la graine que vous avez choisi de votre vivant sera ensuite placé par-dessus ce cercueil particulier, au contact. Vos molécules seront alors partiellement captées par les racines de ce saule pleureur, de ce chêne, de ce bouleau ou de ce cyprès, selon votre choix et votre ego. Ensevelis ainsi côte à côte, une multitude de cadavres retrouveront une seconde vie pour former ensemble une forêt mortuaire, en espérant que votre petit bois ne sera pas un jour rasé pour laisser passer une autoroute ou croître un centre commercial.

Le législateur a trouvé, lui aussi, une solution, révoltante : autoriser les communes à récupérer les concessions dites « en état d'abandon » avant échéance si personne ne s'en réclame. Pour les concessions à perpétuité, conformément à l'article L. 2223-17, une sépulture ne peut être réputée en état d'abandon avant l'expiration d'un délai de trente ans à compter de l'acte de concession. Cela frise néanmoins la double peine : celle des familles et celle de l'atteinte à la mémoire du défunt, qui croyait rester là pour l'éternité et avait payé pour[82]. Nous en reparlerons.

L'idée de pourrir vous déplaît ? Vous préférez voir partir vos molécules en fumée ? Ou du moins, c'est ce que vous croyez, mais… que deviennent-elles exactement ?

Partir en fumée, la crémation

Est-ce la popularisation du barbecue, le souci de faire l'économie d'un caveau et d'une pierre tombale, le manque de place dans les cimetières, ou une aversion pour les asticots et les odeurs putrides ? La moitié des Français souhaitent actuellement avoir recours à l'incinération après leur mort. Certains hindous la pratiquent depuis toujours, sur un bûcher en place publique[83]. Les veuves ne sont plus obligées d'accompagner vivantes leurs maris défunts depuis une loi édictée en 1829, mais la coutume n'a réellement été réprimandée qu'à partir de 1987*. En France, à part les exécutions de quelques sorcières et celle de Jeanne d'Arc, la crémation des défunts innocents est relativement récente et cette pratique s'est rapidement répandue. Vous brûlez d'envie d'en savoir plus ?

Comment cela se passe-t-il ? Que deviennent vos molécules ? Vos dents en or ? Vos prothèses de hanches ? Sont-ce bien vos cendres qui seront récupérées par votre famille, ou un peu également de celles de la personne incinérée juste avant vous ? Pour le savoir, commençons par jeter un œil sur la technique.

Les incinérations se déroulent nécessairement au crématorium, dans les six jours suivant le décès. Le principe

---

* La *sati* désigne en Inde l'épouse vertueuse qui s'immole sur le bûcher de son mari défunt...

est simple : il consiste à brûler le corps du défunt dans un cercueil, puis à recueillir ses cendres pour les mettre dans une urne. Vous ne serez éligible que si vous avez refusé le formol, qui n'est pas compatible avec la combustion. On pourra vous présenter une dernière fois à votre famille dans vos plus beaux atours et un cercueil de luxe, mais par économie et souci d'efficacité, on y substituera souvent un cercueil plus ordinaire en pin, qui devra cependant être homologué et compatible avec la crémation pour éviter de rejeter dans l'atmosphère des gaz de combustion de vernis, colle, encre ou autre traitement du bois. En France, une cérémonie pourra être organisée avant que l'on ne vous soustraie aux regards pour la crémation elle-même, qui peut avoir lieu immédiatement après ce dernier adieu ou dans la nuit qui suit. Le spectacle est interdit. L'objectif est de remettre vos cendres à disposition de la famille dès le lendemain. Vous voilà désormais seul face aux portes de l'Enfer. Il peut y en avoir jusqu'à trois. La première est celle de la chambre de combustion. Votre cercueil y est glissé par un opérateur ou de façon automatique, selon les crématoriums. Ce four est déjà porté à une température d'environ 750 °C par combustion de gaz ou de carburant, qui pourra monter jusqu'à 1 000 °C durant la combustion, notamment grâce à celle de votre propre graisse. Rapidement, le cercueil va s'embraser. Je vous rappelle que votre corps est composé de 60 à 70 % d'eau et que l'eau s'évapore à 100 °C. Pschitt ! Vous êtes donc rapidement évaporé, vos cellules explosent en laissant derrière elles vos 25 kilos de molécules organiques et vos 10 kilos d'os (tout de même). Vos molécules, comme celles des bactéries qui vous suivent (bien malgré elles) dans ce dernier voyage, contiennent essentiellement des atomes de carbone, d'hydrogène, d'oxygène, d'azote et de soufre. Tout ceci brûlera parfaitement en présence d'oxygène et sous l'effet de la chaleur pour donner des gaz, principalement du dioxyde de carbone, CO_2, et de l'eau, mais aussi, en moindre quantité, des oxydes d'azote, NO_2, et de soufre, SO_2. Précisions importantes pour le chimiste que je suis, mais qui agrémenteront vos dîners en ville (ou pas). Bref, vous voici en grande partie vaporisé ou vaporisée ! Pour assurer une combustion parfaite, vos gaz et ceux de votre microbiote passeront dans une seconde chambre, dite « de post-combustion » pour y séjourner deux secondes à peine, à une température de 850 °C et un taux d'oxygène contrôlé de 6 % minimum, ce qui permettra de garantir l'élimination des imbrûlés et de répondre aux exigences réglementaires. Les gaz sont ensuite conduits jusqu'au refroidisseur, qui permet de ramener les fumées à des températures voisines de 150 °C.

Les croque-morts, que les professionnels du secteur me pardonnent pour ce terme désuet mais tellement évocateur, pourront ajouter des produits à base de chaux et de poussière de charbon pour piéger les polluants contenus dans les fumées, à savoir des gaz acides (chlorhydrique et fluorhydrique provenant, comme leur nom l'indique, du chlore et du fluor contenus non pas dans votre corps, mais dans les plastiques, les encres, les produits phytosanitaires du cercueil), du dioxyde de soufre SO_2, des métaux volatils comme le plomb et le mercure de vos amalgames dentaires, et autres composés tels que dioxines et furanes émanant de la combustion du bois et de ses adjuvants. Un filtre céramique est conçu pour laisser passer la vapeur et les gaz et piéger les poussières qui voudraient s'échapper du four. Personne ne récupérera ce résidu poussiéreux de vous-même qui finira... à la poubelle.

Que reste-t-il alors dans la chambre de combustion ? Environ trois kilos de cendres, provenant en partie du bois du cercueil (de la cellulose, des tanins), mais en majorité de tout ce qui ne brûle pas en vous, soit vos os, vos dents en émail ou en or, vos prothèses (si vous avez eu la chance de ne pas mourir trop tôt). Vos os sont calcinés, c'est-à-dire réduits à leur composition de phosphates de calcium. Cela représente approximativement 85 % de la masse récupérée. De votre combustion, on pourra également trouver des carbonates, des phosphates, des sulfates de sodium, de potassium et de métaux plus lourds mais plus rares, comme le zinc ou le magnésium. Y figureront aussi, éventuellement, l'or de vos couronnes, l'acier de quelques vis ou plaques ayant consolidé vos os, voire le titane ou d'autres éléments de vos prothèses. Les plus gros morceaux métalliques seront retirés aussi proprement que possible. Le reste, appelé *calcius* dans le jargon des pompes funèbres, et composé essentiellement de fragments d'os calcinés, sera grossièrement broyé à la main puis transféré derrière la troisième porte de l'Enfer, dans un pulvérisateur à billes d'acier. Je vous explique comment cela marche. L'opérateur, terme parfaitement neutre qui désigne l'employé ou l'employée des pompes funèbres, un humain de chair et d'os donc, insère directement le cendrier collecté au niveau du four. Celui-ci est alors mis en rotation une dizaine de minutes et les billes en acier pulvérisent les *calcius,* qui s'écoulent au travers d'un tamis. Vos cendres sont directement collectées dans un réceptacle. Les parties métalliques resteront, quant à elles, piégées dans le cendrier après la pulvérisation. L'opérateur procède au transfert de ces cendres blanchâtres pulvérulentes dans l'urne, qui sera remise à la famille reconnaissante mais toujours un peu embarrassée. Le tout aura duré moins de deux heures.

Je me suis toujours demandé (et vous ?) si l'on ne récupérait pas aussi un peu des cendres des quelques personnes incinérées juste avant. Tous les habitués du nettoyage de la grille du barbecue, ou du four de la cuisine après une grillade de brochettes ou un poulet rôti, me comprendront. Je n'ai pas la réponse. Passons.

Si vous optez pour la crémation, voilà donc ce qu'il restera de vous et de vos parasites : essentiellement du gaz carbonique, CO_2, et de l'eau, dispersés dans l'atmosphère, deux kilos de phosphate et de carbonate de calcium réduits en cendres et confinés dans un vase, et de la poussière, la vôtre, récupérée dans l'incinérateur et les différents filtres, et évacuée vers des poubelles spéciales. On est bien peu de chose... Votre joli tas de molécules bien emboîtées est désormais dispersé. Pas de charogne. Tant pis pour Baudelaire et pour les mouches, qui n'auront pas droit à leur festin ! Vos atomes de carbone s'en vont « *Au vent mauvais / Qui [les] emporte / Deçà delà / [Pareils] à la / Feuille morte*[84]. » Sous cette forme de CO_2, ils contribueront peut-être au réchauffement de la planète, à moins qu'une plante ou un arbre du voisinage ou de contrées lointaines ne les réabsorbe pour les transformer en matière vivante métamorphosée. L'eau que vous avez rendue à la nature, blottie dans son nuage, voyagera peut-être sur des milliers de kilomètres avant de retomber en pluie sur l'océan, le nez d'un enfant ou au pied d'un rosier. Qui sait ?

Si personne ne les réclame, vos cendres peuvent être gardées au crématorium pendant un an au maximum, selon la loi française. À l'issue de ce délai, elles seront dispersées dans l'espace dédié du cimetière de la commune de décès ou dans le site cinéraire à proximité. Si vous avez des proches qui veulent bien s'occuper de vos restes, ils ne pourront pas vous garder sur la cheminée de leur appartement. Vous serez plus classiquement dispersé dans un espace dédié du cimetière ou, maintenu confiné dans votre canope, déposé dans un columbarium collectif ou scellé sur un monument funéraire. Plus joyeux, mais administrativement plus difficile, vos cendres peuvent également être dispersées dans la nature, mais il faudra en faire la déclaration à la mairie de votre lieu de naissance. Attention, vous ne pourrez pas vous étaler n'importe où ; c'est interdit dans les lieux publics, les routes, les jardins, les stades et j'en passe... En revanche, les champs, forêts, certains cours d'eau et la mer sont à votre disposition, avec autorisation des communes ou des propriétaires concernés, selon les cas. Si vous étiez propriétaire d'un château et d'un caveau de famille sur vos terres, vos cendres pourraient les rejoindre ; c'est la condition pour dormir à domicile pour l'éternité. Derniers privilèges...

Nous avons vu ce que deviennent vos restes gazeux et vos cendres... mais sous le coup de l'émotion, on a oublié vos dents en or, votre stérilet en cuivre (madame) et vos prothèses de hanche en titane. Que sont-ils devenus ? Nous ne sommes pas les seuls à oublier ces détails, la plupart des familles de défunts ne s'en préoccupent pas. Les crématoriums et les pompes funèbres négligent la plupart du temps de vous en parler, la loi ne les y obligeant pas. Pourtant, ces restes ne sont pas perdus pour tout le monde : rien ne se crée, rien ne se perd, tout se transforme, disait Lavoisier. Imaginez-vous que tous ces métaux sont récupérés par les crématoriums et discrètement vendus à des entreprises spécialisées dans ce recyclage macabre. En France, deux se partagent principalement ce business : la française Euro Métal Concept[85] (EMC) et la néerlandaise OrthoMetals[86]. Elles récupèrent ces pièces, les débarrassent des cendres et résidus humains restants pour revendre les métaux purs à des entreprises de transformation dans l'aéronautique ou l'automobile. Ce qui signifie qu'il y a peut-être des atomes de titane issus des prothèses de hanche de votre grand-père dans le revêtement de l'Airbus qui vous emmène en vacances. Il ne s'agit pas là d'un marché marginal : OrthoMetals annonce récupérer les résidus métalliques de 178 crématoriums en France, soit 90 tonnes de matériaux, ensuite traités aux Pays-Bas. En France, EMC reconditionne environ 15 tonnes de métaux cinéraires par an, pour une valeur d'environ un million d'euros. À peu près 20 % des bénéfices sont captés par ces entreprises, le reste étant reversé aux crématoriums fournisseurs, qui en disposent selon leur bon vouloir, sans aucune transparence. Pour rassurer les inquisiteurs, j'ai mené ma petite enquête ; on met toujours en avant l'exemple du service funéraire de la ville de Paris qui gère les crématoriums du Père-Lachaise et de Champigny-sur-Marne. Ce service a créé une fondation, placée sous l'égide de la Fondation de France, qui remet chaque année plusieurs dizaines de milliers d'euros à des associations caritatives. Écran de fumée ?

De l'eau, vraiment ?

Vous craignez d'être mangé par les vers ? Vous avez peur du feu ? Si vous êtes comme un poisson dans l'eau, une nouvelle technique s'offre à vous pour passer de l'eau d'ici à l'au-delà, c'est l'aquamation. Personnellement, ce terme me semble volontairement trompeur, car ce n'est pas l'eau qui va assurer votre disparition, mais plutôt ce qu'on met dedans... Voyons cela.

Cela ne vous rassurera sans doute pas, mais cette technique est utilisée depuis de nombreuses années pour se débarrasser des cadavres d'animaux dans les abattoirs. Elle permet notamment d'éliminer des agents infectieux particulièrement résistants, comme les prions, responsables de la maladie de la vache folle. En quoi consiste-t-elle ? On place la dépouille dans un grand cylindre en acier inoxydable que l'on remplit de 300 litres... de soude caustique et autres substances tout aussi corrosives.

L'aquamation existe en deux versions : la douce et la plus violente. Pour la première, on vous fait cuire à feu doux, à 95 °C environ, pendant une douzaine d'heures. Pour la seconde, accrochez-vous, vous avez droit à un chauffage façon cocotte-minute à 150-180 °C pendant... quatre à cinq heures. Pour cette dernière, on parle aussi de résomation ou de bio-incinération. La soude, qui est en fait de l'hydroxyde de sodium, va dégrader la plupart des molécules de votre corps. Les cellules et les tissus organiques vont se déliter pour produire un bouillon de pot-au-feu à base de vos constituants moléculaires plus ou moins dégradés, puisque les sucres, les peptides et les protéines, les acides nucléiques, les esters de lipides seront coupés en morceaux plus ou moins gros selon le temps de cuisson. Seuls les os résisteront en grande partie, tout le reste étant jeté avec l'eau du bain quelque part dans les égouts ou dans la nature pour lui rendre, métamorphosé, « *tout ce qu'ensemble elle avait joint*[87] ». Cette technique serait plus écologique que la crémation, puisqu'elle nécessite moins de chauffage énergivore et qu'elle ne contribue pas à la dispersion de CO_2 dans l'atmosphère. On ne contrôle cependant pas très bien la composition et le devenir de ce qui sera rejeté ; en prime, il s'avère nécessaire avant traitement de broyer certains os, dont le crâne, pour être sûr que tous les tissus mous seront accessibles à la soude. Bien qu'elle soit déjà pratiquée au Canada, aux États-Unis et en Australie, cette technique n'est pas autorisée en France car, selon le législateur, elle ne répond pas à l'article 16-1-1 du Code civil, qui stipule que « *les restes des personnes décédées [...] doivent être traités avec respect, dignité et décence* ». La pratique est acceptée par le bouddhisme mais encore rejetée par les religions musulmane, juive et catholique, cette dernière jugeant que le corps du défunt et ce qu'il en reste ne sont en effet pas suffisamment respectés. Les anglicans sont réticents, mais cela n'a pas empêché l'archevêque Desmond Tutu de faire appel à cette technique au Cap, début 2022, lançant la mode en Afrique du Sud. En France, cette alternative chimique trop caustique tombe à l'eau.

C'est la mousse qu'on préfère

À l'aquamation, qui massacre un peu le corps avant de le dissoudre et de le rejeter à l'égout, vous préférerez peut-être un retour à la terre en douceur. L'humusation est un processus de remise à la nature qui se veut respectueux de la personne décédée, et durable. Cette technique propose de vous plonger dans un tas de broyats de bois d'élagage pour faire de vous du compost. Grâce aux micro-organismes présents, vos tissus et vos molécules seront recyclés en douze mois pour former un humus fertile qui pourra servir de terreau une fois qu'on en aura retiré tous les restes métalliques. Personne n'évoque les asticots et les mouches, mais je pense qu'on ne peut pas y échapper. Selon ce projet (eh oui, ce n'est encore qu'un projet), votre famille aurait droit à un seau de votre compost pour en faire ce qu'elle veut, le reste étant utilisé pour refertiliser des friches postindustrielles et planter des arbres. Ce n'est pas écolo ça ? Bobo.

Pas froid aux yeux ?
La promession vous tend les bras

Le feu, l'eau, la terre… il reste le froid. La docteure Susanne Wiigh-Mäsak a développé, dès 1999 en Suède, un procédé consistant à congeler le corps pendant dix jours à -18 °C, puis à l'immerger dans de l'azote liquide à -196 °C. Ressorti de là, le cadavre fragile comme du verre est déposé sur une table vibrante et les tissus et les os se disloquent en particules fines, stériles et inodores. L'eau sera rapidement retirée par lyophilisation, c'est-à-dire par évaporation à froid, sous vide. Vos cellules et celles des bactéries de votre microbiote auront explosé, les asticots resteront sur leur faim et vous aurez conservé l'intégralité de vos molécules à l'exception de l'eau. Cette pratique funéraire n'émet aucune particule de CO_2, ni vapeur, ni fumée. Vos molécules organiques sont cependant pour la plupart intactes. Revenue à température ambiante, la poudre issue du corps de la personne décédée devient biodégradable et pourra être transformée en compost au bout d'un an environ, pour un retour à la terre. Les champignons, les bactéries, les insectes et les vers devront se contenter de grignoter du décongelé.

Envie de revenir ?
Optez pour la cryogénisation

Si vous souhaitez échapper à la décomposition de votre corps pour éventuellement renaître un jour sous votre dernière apparence (réfléchissez bien), il vous reste la congélation, ou plus précisément, dans ce cas, la cryogénisation. Vous serez refroidi progressivement à une température de -190 °C, puis placé dans une cuve maintenue à cette température en attendant des jours meilleurs et votre improbable résurrection par des chimistes et des médecins du futur ayant résolu les risques d'explosion de vos cellules à la décongélation et développé des techniques pour vous ressusciter.

Trois cents personnes dans le monde auraient déjà fait ce pari et seraient cryogénisées. Plus de 2 000 auraient signé un contrat pour attendre leur tour. Pas de précipitation, ceci est encore interdit en France, peut-être à cause des craintes de coupures de courant des congélateurs par des grévistes bien intentionnés. Les deux seuls modes de sépulture acceptés par notre législation restent l'inhumation et la crémation. L'Allemagne et le Royaume-Uni permettent déjà la congélation et une société américaine assure le stockage. Hibernatus vous salue bien.

Voilà, à vous de choisir le sort que vous réservez à vos molécules et à celles des bactéries qui vous squattent. Vous savez désormais qu'elles ne vont pas disparaître avec vous, mais qu'elles se transformeront et se disperseront sous de multiples états de la matière : gazeuse, liquide ou solide, souvent inerte mais parfois aussi, transitoirement, vivante. Consolez-vous, sous forme minérale, végétale ou animale ; vos atomes, quant à eux, sont immortels.

J'aime les cimetières...

... je m'y sens vivant.

J'aimerais terminer avec vous ce voyage moléculaire et existentiel par une courte promenade poétique et espiègle dans quelques cimetières de France et d'ailleurs, pour vous en donner le goût...

Ces lieux sont propices à la réflexion sur notre condition humaine, sur la vie, l'amour, la mort. À la rêverie poétique aussi. Chaque tombe est un roman, celui de toute une vie, avec son histoire, un début et une fin, une parcelle de son âme. La trace visible en est la sépulture, alors que quelques vieux ossements souterrains en sont les témoins occultes. Il n'y a rien de sordide ici, juste quelques âmes qui vivent, sur les vieilles pierres moussues et dans les rêveries des passants.

J'aime en particulier les cimetières marins. Celui de Venise, par exemple. Ce n'est pas tout à fait la mer, puisque l'île de San Michele flotte, immobile et frémissante, sur la lagune. Ceinturée de murs de briques qui plongent directement dans l'eau, rectangulaire, elle émerge des flots avec une élégance horizontale piquetée de cyprès noirs verticaux. L'approche ne peut se faire qu'en bateau, comme celle de *L'Île des morts*, cette fameuse série de cinq tableaux peints entre 1880 et 1886 par le peintre suisse Arnold Böcklin. Elle semble mystérieusement inabordable jusqu'à l'approche de ce petit ponton où le *vaporetto* vous abandonne, sous « *l'œil niais des falots*[88]. » Vous voilà seul avec quelques centaines de cadavres qui vous dévisagent. Les Italiens apposent en effet presque toujours la photo du défunt ou de la défunte sur la sépulture, dans des médaillons de porcelaine ou de faïence. Chaque nom est associé ainsi à un visage, un regard qui vous ouvre la porte de son âme, de son histoire personnelle. J'y ai fait la connaissance de Felicetta

Abruzzese, à l'incroyable regard lourd et pénétrant, dont l'infinie mélancolie vient contredire le prénom. Décédée le 10 octobre 1923 à l'âge de vingt-deux ans. Je l'ai emportée avec moi, dans les pixels de mon appareil photo et ceux de ma mémoire, pour inventer sa vie et faire renaître son âme, ici ou là, au gré de mes souvenirs.

Loin de là, sur la presqu'île de Pen-Bron, en Bretagne, un mince cordon de sable blanc sépare Atlantique et marais salants de Guérande. La dune semble déserte, mais quelques arbres courts ayant résisté aux vents salés attirent l'attention sur cette oasis abritant un muret blanc, à peine visible depuis le chemin. En avançant, un petit portail métallique apparaît entre deux pilastres de granit enfouis dans le sable et les ajoncs. Le portillon résiste et grince un peu en cédant. Un cimetière. Deux rangées de croix blanches s'alignent rigoureusement le long de chaque mur. « *Simone Coché, DCD le 27 avril 1930, 10 ans* ; *Yvonne Fiacre, DCD le 4 novembre 1930, 2 ans* ; *François Ordronneau, DCD le 9 juillet 1934, 6 mois.* » Une soixantaine d'autres, toutes d'enfants morts en bas âge. Un petit muret blanc délimite chaque tombe, encadrant un rectangle de terre. Les atomes de ces enfants séjournent-ils encore dans les herbes folles qui recouvrent les tombes ? Ont-ils été picorés depuis longtemps par les oiseaux marins ? Emportés par les pluies vers l'eau salée de l'océan, à l'ouest, ou celle plus douce de Guérande, à l'est ? Une tombe plus imposante semble barrer l'allée centrale : « *Sœur Letourneau, supérieure de Pen-Bron, DCD le 3 avril 1972 à l'âge de 80 ans.* » C'est elle qui a dirigé pendant quelques années le sanatorium marin, posté un peu plus loin au bout de la presqu'île, qui recueillait et soignait jusqu'à leur mort les jeunes tuberculeux de la région. Elle a échappé à la bactérie mortelle. Sa tombe de granit protège aussi ses cendres de l'évasion. Le bacille de Koch tueur a sans doute, quant à lui, été décomposé avec les jeunes corps qu'il a emmenés dans cet entre-deux breton. Au moment de repartir, une dernière tombe attire mon attention : « *Marcel Lamoureux, DCD le 7 février 1930, 4 ans.* » Comment ne pas sourire ? Salut petit frère, tes cendres reposent dans ce charmant bout du monde, mais j'emporte un fragment de ton âme au creux de mes synapses.

Un dernier cimetière marin, celui de Sète, au-dessus de la Méditerranée. On y arrive en grimpant lentement le long de corniches habitées, au-dessus du port de la ville. Les tombes blanches ruissellent sur le flanc de la colline face à la mer. On y cherche évidemment Paul Valéry ou Jean Vilar pour une pensée, un petit dialogue théâtral de quelques instants. Mais ce n'est pas ce qui m'arrête. Beaucoup d'Italiens sont enterrés dans ce cimetière, leurs tombes sont reconnaissables aux portraits en médaillon fixés sur les croix. Jeunes, vieux, hommes, femmes… destins d'émigrants venus chercher travail et fortune dans ce port industriel, pas trop loin du soleil, de leur mer et de leur patrie d'origine. Le regard d'une petite femme attire mon attention : « *Blanche, décédée le 18 juillet 1933.* » Son nom de famille n'est pas italien. Elle est souriante, fraîche et joyeuse. Je décide de déposer près d'elle le portrait qui ne me quitte pas, celui de la ténébreuse Felicetta, décédée dix ans plus tôt à Venise. Elles devraient bien s'entendre. Les âmes aussi voyagent et font des rencontres, il suffit de les aider.

Il est aussi des rencontres fortuites qui peuvent, dans la mort, laisser des traces qui prêtent à sourire, à rire ou à s'émerveiller. Ainsi, un monsieur Lay a épousé une madame Caillet et leur sépulture affichant « Lay-Caillet » laisse supposer que leur couple a mal tourné. Plus gaillard, un monsieur Plantureux a épousé une madame Couillard, à moins que ce ne soit l'inverse, mais leur tombe affiche fièrement leur union : « Plantureux-Couillard », rien d'autre. Je pense, le temps ayant fait son œuvre, qu'il ne reste plus grand-chose ni de l'un ni de l'autre. Le couple Frelon-Venin ne devait pas manquer de piquant, les époux Galop-Pain non plus. Comme suggéré par leur tombe, monsieur Tardif a épousé madame Nouveau. Peut-être étaient-ils vignerons ? Confusion sur les étiquettes : vendanges tardives ou vin nouveau ? En tout cas, ensemble dans la tombe.

Dans ce cimetière, la famille Bourreau ne loge pas si loin que ça de la famille Supplice, sans rancune. De 1884 à 1969, Aimée Rigolet a peut-être bien profité de la vie, joyeusement. Le cimetière Montmartre, à Paris, offre également son lot de bonne humeur. On y trouvera le caveau Bouché-Danlos, la sépulture Cassé et, plus subtil et incroyable, la tombe d'un prêtre au nom prédestiné, l'abbé « *Charles Trillon de la Bigottière, 1841-1935* ».

Méfiez-vous aussi parfois des bonnes intentions de vos proches ou de vos amis. Du côté de Beaugency, à raison de 15 euros le caractère, une dame a dépensé pas mal d'argent pour faire graver sur la tombe de son mari, Jean B. : *« À mon MARI CHÉRI, je me souviendrai toujours de notre profonde AMITIÉ. Germaine. »* Belle franchise. À défaut d'*éros*, célébrons la *philia*. Ailleurs, dans un petit village du Berry où la gare a fermé depuis longtemps, mais pas encore le bistrot d'en face, un habitué s'est retrouvé enseveli avec, sur sa tombe, cette tendre plaque mortuaire « *Ses amis du Terminus* ». Est-ce le nom du bistrot ou le surnom du cimetière ? La réponse est dans leurs regards, pour toujours espiègles. Passons.

Pour laisser un espoir de retour sans doute, une affiche sur le petit portail d'entrée d'un charmant cimetière breton stipule : « *Bien refermer la porte après votre passage.* » Que les âmes vagabondes se le tiennent pour dit. Plus menaçant, le cadran solaire qui indique les heures sur le côté de l'église de Roscoff nous assène : « *Craignez la dernière !* » Le dieu ou le prêtre breton ne rigole pas.

Les cimetières sont aussi des livres d'histoire, d'architecture et de sociologie à ciel ouvert. On repère facilement la partie la plus ancienne du lieu, avec ses sépultures tannées par les années. En partant de là, on parcourt le temps, les guerres, les vagues de migration. Les patronymes sont gravés dans leur territoire ancestral : Youinou, Nedelec, Quéméner et vous êtes en Bretagne ; Chappaz, Mugnier ou Metral, vous êtes en Savoie ; les Exbrayat, Chirac ou Papon se concentrent en Auvergne ; Puig, Monserrat ou Pujol et vous êtes en pays catalan. L'histoire ou le cimetière nous apprennent pourquoi on trouve tant de noms italiens ou polonais dans le nord de la Lorraine, à côté des Demange, Crouvisier ou autres Ackermann. Les tombes de princesses russes ou polonaises fuyant le communisme ou la colonisation viennent érotiser les cimetières de Nice ou de Menton, où les voiles de marbre laissent entrevoir la sensualité des corps nus pétrifiés.

Simple cadre de pierre autour d'un lit de graviers, catafalque de granit ou de marbre, pierre tombale Art déco des Années folles, tombeaux entrouverts, chapelles familiales, les classes sociales s'étagent et étalent leur bonne ou mauvaise fortune jusque dans la mort. Le marbre n'est pas accessible à tous. J'aime les tombes du village de Saint-Genou, où la pauvreté ouvrière enjolive ses sépultures de mille fragments multicolores de bouteilles de verre brisées ou des tasseaux de porcelaine récupérés dans les déchets des usines du coin. Les tombes du cimetière de la belle ville de Trouville-sur-Mer, dans le Calvados, sont décorées de multiples combinaisons de modestes carreaux de ciment qui refont surgir l'existence de manufactures locales produisant ces carrelages, aujourd'hui disparues. Et qui n'a pas été ému en découvrant certaines tombes de cimetière en Guadeloupe ou en Martinique, recouvertes avec panache de toutes les collections de carrelage de cuisine et de salle de bains des années 1960 à 1980 ?

La statuaire des tombes révèle aussi les modes, les fortunes, voire la géopolitique. À Nice, une immense chapelle de pierre blanche laisse sa porte entrouverte vers un au-delà peuplé des femmes nues mais éplorées qui encadrent cette porte du Paradis. À Menton, une princesse en voiles transparents s'envole, cambrée, au-dessus de la baie. Au cimetière Novodievitchi de Moscou, peu de croix, communisme oblige, mais hors de question de partir sans laisser une trace pour la postérité. Les plus pauvres dénoncent leur misère par un portrait en médaillon sur la porte de leurs cellules, alignées dans le columbarium. Les plus riches ne rechignent pas à l'ostentation. Tel médecin, accoucheur ventripotent, s'est fait représenter grandeur nature, tenant un nouveau-né par les pieds, tête en bas ; un tank énorme en bronze surplombe la tombe d'un général, son canon entravant en partie l'allée ; un peu plus loin, la statue d'un jeune homme est arc-boutée dans une extase romantique, ancrée miraculeusement dans le sol par ses seuls pieds de poète. Ce communisme-là n'avait pas encore abouti à l'égalité et à l'uniformité dans la mort. Plus justement évocatrices, deux mains de bronze vous arrêtent près de l'entrée du cimetière catholique de Varsovie. À hauteur de visage, pouces et index forment un rectangle définissant le cadre d'une prise de vue cinématographique éternelle ; l'œil du réalisateur polonais Krzysztof Kieślowski est dans la tombe et nous invite à observer le monde.

Plus loin, derrière un long mur de briques infranchissable, l'immense cimetière juif de Varsovie est cloîtré dans son ghetto, envahi par une forêt dense, plus personne n'étant là depuis la guerre pour élaguer la végétation. Parfois, un sentier très étroit a été dégagé et entretenu pour zigzaguer à angles droits entre les tombes dispersées dans le sous-bois et s'arrêter devant une sépulture. Une plaque au sol indique que des descendants émigrés financent depuis les États-Unis ce défrichage, jusqu'à la tombe exhumée d'un ancêtre. Émouvant aussi, le cimetière de Vienne en Autriche, où de larges avenues quadrillent impeccablement les kilomètres carrés de la partie chrétienne. Au fond, curieusement, un enchevêtrement anarchique de végétation attire le regard et vient casser la froide organisation du lieu. C'est la partie juive du cimetière, où les tombes les plus récentes sont datées de… 1940 et laissées en l'état, les descendants ayant émigré ou étant eux-mêmes partis en fumée peu après, comme on sait.

Là où le communisme a échoué à standardiser les sépultures, le capitalisme populaire pourrait bien y réussir. Depuis le décret du 23 février 2022, les municipalités détruisent de plus en plus de tombes historiques et ouvrent la porte à une « Roc-Eclerisation ». Disparus, les fleurs décolorées dans les boules de cristal, les bouquets d'immortelles en faïence, les lourdes chaînes en fer rouillé encadrant les dalles, les petites chapelles en verre cathédrale, les pierres constellées de lichen, tout n'est plus que granit lustré, froid et uniformisé.

Quelques sépultures résisteront, je l'espère, comme leçons de vie, d'amour, de mort. Celle du *Premier Homme,* à Lourmarin, dans le Vaucluse, dans son implacable simplicité, quelques cailloux du pays posés là par de discrets Sisyphe, des plantes grasses sauvages semées par les oiseaux et une simple plaque de pierre rude : « *Albert Camus 1913-1960** ».

---

* Le 4 janvier 1960, en revenant de sa maison de Lourmarin, Albert Camus percute un platane et meurt. Sur le siège arrière de son

Je terminerai par la plus émouvante à mes yeux, que j'ai déjà évoquée ailleurs. Elle est adossée au mur d'une église, face au sud, dans un petit village de Maurienne, sur un plateau face à l'aiguille de Scolette et la cime du Grand Vallon. Un jeune homme est enterré là, décédé à l'âge de seize ans. Triste et assez banal, penserez-vous, mais un long texte gravé sur sa pierre tombale nous prouve le contraire. Le voici, *in extenso [sic]* :

« Pendant un instant, je n'ai pas compris... nous n'avons pas compris. Aucune peur... aucune douleur... simplement désorientés. Puis la lumière a envahi nos cœurs... élargi notre conscience. Et nous avons enfin souri !!! Ne me pleurez pas... je ne suis pas parti... Tout simplement différent. Ne m'en voulez pas de ce départ précipité. Ne cherchez pas le pourquoi et le comment. Je devais partir. Cela suffit pour ceux qui comprennent. Je devais partir car vous êtes maintenant assez forts pour accepter mon absence. Je serai toujours présent... en vous... et autour de vous. Le soutien de vos solitudes, le refuge de vos peurs... et surtout le sourire de votre vie !!! Il suffit de m'appeler... de le vouloir... JE SERAI TOUJOURS LÀ ! Ne me jugez pas, j'ai aimé la vie, passionnément... parfois avec excès. J'ai parfois confondu paradis artificiels avec la véritable vie... À 16 ans on croit tout savoir. Tout

---

automobile, on retrouve une sacoche qui contient un manuscrit intitulé *Le Premier Homme.*

vouloir trop vite... Apprendre à AIMER... DONNER... est plus important... à TOI PAPA... à TOI MAMAN... Pardonnez-moi votre désarroi... et les jugements qui ne manqueront pas. Je suis fier de vous et cela me suffit !!! Maintenant je ne suis plus à vos côtés... mais en vous !!! À vous tous qui m'accompagnez aujourd'hui, ayez une pensée pour la famille de mon compagnon de voyage. Je n'ai pas de remerciements... Seulement vous dire : JE VOUS AIME !!! ET QUE LA LUMIÈRE VOUS ACCOMPAGNE !!! » Aymerick, 8/10/1989 - 23/03/2003.

Sur cette tombe, la seule dont la neige ait été dégagée par le soleil et la chaleur de l'église dans ce cimetière de montagne en ce début de printemps, les mots simples restituent l'histoire et l'âme d'un jeune homme, au-delà de ses molécules dispersées sur les sommets environnants, dans l'air pur des Alpes, ou sous la pierre de granit qui en a été extraite pour couvrir ses cendres. Aymerick a rencontré l'amour - *éros* - si pur qu'il a jugé avec son compagnon que la vie ne pourrait rien lui offrir de plus beau et de plus intense que ces instants d'illumination. Ils ont choisi la mort - *thanatos* - ensemble, dans un sourire. Par amour - *philia* -, les parents assument publiquement son homosexualité et son suicide en affichant sa lettre d'adieu aux yeux des habitants et des passants dans ce village très catholique. Par charité - *agapè* -, le prêtre transgresse doublement les règles de sa religion en offrant une sépulture chrétienne à un homosexuel suicidé, la tombe la plus visible, la mieux placée, contre le mur le plus chaud de son église. *Éros, philia, agapè* et *thanatos* - la vie, l'amour, la mort - réunis sur cette stèle, en quelques lignes généreuses. Les molécules et les mots pour le dire. Quelle loi autorisera que cette tombe disparaisse un jour ? Qui osera ?

N'ayez pas peur des cimetières, vous vous y sentirez vraiment humains... et encore vivants.

Au bout du voyage

> « *Rappelez-vous l'objet que nous vîmes, mon âme,*
> *Ce beau matin d'été si doux*[89]. »

Nous voilà arrivés au bout du voyage De la vie à la mort, en passant par l'amour, quiconque se pose des questions sur le sens de sa vie se met forcément à philosopher pour trouver quelques éléments de réponse et repousser le vertige de l'absurdité. La tentation et le risque sont grands d'essayer d'échapper au réel en lui inventant un double rassurant[90]. Mais « *être heureux, c'est toujours être heureux* malgré tout[91] », en acceptant le caractère tragique de l'existence, à commencer par son issue fatale. Alors cet inéluctable, pourquoi ne pas l'aimer avec Nietzsche ? En rire avec Démocrite ? Tenter d'en jubiler avec Clément Rosset ? Avec Baudelaire, pourquoi ne pas regarder la réalité en face : sa beauté, sa poésie, ses douleurs, ses puanteurs, sa putréfaction, ses mystères ?

Amor fati[92]. Certains philosophes dits matérialistes vous invitent à échapper à l'illusion, et donc à la désillusion et aux regrets, en vous incitant à construire votre vie en regardant la réalité en face, celle du monde que vous devrez affronter et celle de votre destin. Les pères de l'atomisme ancien, Démocrite, Épicure, Lucrèce, ne se sont pas contentés de tirer quelques fils anecdotiques de l'étoffe de nos vies. En physiciens, ils ont construit leur philosophie en s'appuyant sur une analyse profonde de la matière elle-même, remettant ainsi radicalement en perspective notre essence et notre place dans l'Univers pour en tirer des conséquences ontologiques. Dans l'ombre de la poussière de leurs pas, le chimiste que je suis vous a invité à passer en souriant de l'atomisme ancien au molécularisme nouveau, en prenant en compte ce que la science contemporaine peut vous apprendre de votre moi *moléculaire*, avec sa part incommensurable d'encore et pour toujours mystérieux.

Des milliards d'atomes en errance dans l'Univers se sont connectés en molécules d'une incroyable diversité. Sur la planète Terre, dans l'eau provenant elle-même de l'espace, ces molécules se sont agglutinées jusqu'à créer des émulsions, des microdomaines pouvant former des cryptes, des cavités en échange permanent avec les éléments d'un extérieur sans limites. La multiplicité et la diversité de ces proto-cellules ont permis une chimie particulière, qui a conduit un jour aux premières cellules capables d'autoreproduction – à la vie. Au cœur de ce « miracle » naturel se trouve ce que j'ai nommé le *coït moléculaire*, ce processus par lequel deux molécules ou plusieurs ont des formes, des surfaces électrostatiques complémentaires qui leur permettent de s'emboîter l'une dans l'autre pour brièvement exercer leur fonction.

Cela dit, comment tout ceci est-il arrivé ? On ne le sait pas, on n'en sait rien, ou si peu.

Comment cette machinerie moléculaire fonctionne-t-elle, s'adapte-t-elle, s'autorégule-t-elle au sein des tissus, des organes, des individus, dans leur environnement naturel et sociétal ? On ne le sait pas, on n'en sait rien, ou si peu. Pas plus que nous savons comment cette grande partouze moléculaire a pu donner naissance à la conscience, aux affects, aux mots pour les formuler...

Mais une chose est sûre, nous sommes faits de cette poussière d'étoiles, de ce tas de molécules aux frontières floues et mouvantes, en échange permanent avec l'air que nous respirons, les aliments et l'eau que nous consommons, les cellules et les molécules que nous rejetons.

Quels sont les mécanismes moléculaires à l'œuvre dans l'amitié, l'amour, la sensibilité à la beauté, la poésie, la mélancolie ? Là encore, on n'en sait rien, ou si peu.

Ce que l'on sait, en revanche, c'est que la mort est métamorphose et dispersion des molécules de nos derniers instants, une restitution au Grand Tout, un recyclage éternel de matière et d'énergie.

L'incommensurable complexité des mécanismes moléculaires en action nous préserve à jamais d'une compréhension globale. Cette part d'inconnu laisse une place au mystère, ouvre la porte à une métachimie à la recherche d'une *introuvable continuité* entre le corps que nous avons et le corps que nous sommes, entre la chair et l'esprit, l'âme et la matière.

Baudelaire nous a confrontés à une réalité, celle du corps, de la vie, de l'amour, de la mort et de leurs fleurs du mal. En accord avec René Char, la science contemporaine, malgré ses avancées spectaculaires, piétine face à un autre constat : « *Comment vivre sans inconnu devant soi*[93] *?* »

« La mort est comme un tigre caché dans les herbes
Nous créons des enfants pour la mort.
Mais la mort ne dévore pas l'homme qui a secoué sa poussière
Elle ne peut rien contre l'éternité.

Le vent, la vie viennent de l'infini,
La lune boit le souffle de vie,
Le soleil boit la lune et l'infini boit le soleil.
Le sage prend son vol au milieu des mondes,
Quand son corps est détruit, quand il n'en reste plus trace,
C'est la mort elle-même qui est détruite, et il contemple l'infini.
Je me suis dit adieu à moi-même et je me vois dans tous les êtres,
Je suis tout ce qui n'est pas encore, je suis l'ancêtre,
Je suis l'espace, la cause de ma naissance, c'est moi,
Je suis la limite de tout, infatigable, impérissable.

Le jeune homme se tut et s'éloigna lentement dans la plaine.
Au clair de lune[94]. »

Et finalement... si le poète avait toujours raison ?

Remerciements

Mes plus vifs remerciements...

À mon ami Jean Kessler pour ses objections philosophiques et sa maïeutique qui m'ont élevé hors de mon sillon matérialiste par trop étriqué. Ce texte lui doit beaucoup.

À Frédérique Bruyas pour sa relecture critique et quelques filons poétiques pertinents.

À mon éditrice, Olivia Recasens, qui m'a porté sur les fonds baptismaux de l'écriture et qui, plume et sabre au clair, continue de recadrer mes textes et de prendre le risque de m'éditer. Reconnaissance éternelle.

Notes bibliographiques

1. Charles Baudelaire, *Les Fleurs du mal,* coll. « Le Livre de Poche », Paris, Librairie générale française, 1984.
2. Charles Baudelaire, « Une charogne », *Les Fleurs du mal, op. cit.*
3. Albert Camus, *Le Mythe de Sisyphe,* Paris, Gallimard, 1942.
4. Friedrich Nietzsche, *Ecce homo, Œuvres,* tome II, Paris, Robert Laffont, 1993.
5. Louis Aragon, *Le Roman inachevé,* coll. « Poésie/Gallimard », Paris, Gallimard, 1980.
6. Paul Nizan, *Les Matérialistes de l'Antiquité : Démocrite, Épicure, Lucrèce,* Paris, Éditions sociales internationales, 1936 ; réédition Maspero 1968 ; Arléa, 1999.
7. Michel Serres, *La Naissance de la physique dans le texte de Lucrèce : Fleuves et turbulences,* Paris, Éditions de Minuit, 1977.
8. Vladimir Jankélévitch, *Le Je-ne-sais-quoi et le Presque-rien,* coll. « Points », Paris, Seuil, 1981.
9. Étienne Klein, *Petit Voyage dans le monde des quanta,* coll. « Champs », Paris, Flammarion, 2004.

10. Étienne KLEIN, *Les Secrets de la matière*, Paris, Plon, 2008 ; rééd. Librio, 2015.
11. Michel HOUELLEBECQ, *Les Particules élémentaires*, Paris, Flammarion, 1998.
12. https://iupac.org/what-we-do/nomenclature/
13. *Dixit* Karadoc, série télévisée *Kaamelott*, Alexandre Astier, Jean-Yves Robin et Alain Kappauf, 2005.
14. Jean-Marie LEHN, *La Chimie supramoléculaire : Concepts et perspectives*, Paris, De Boeck, 1997.
15. Marcel HIBERT. *Odile a mal au crâne : Il était une fois... vos médicaments*, Paris, humenSciences, 2023.
16. Simon BAILLY, Audrey DUSSUTOUR, *Moi le blob*, Paris, humen-Sciences, 2022.
17. Erwin SCHRÖDINGER, *Qu'est-ce que la vie ?*, coll. « Points », Paris, Seuil, 1986.
18. « D'où vient l'oxygène que nous respirons ? », *Encyclopédie Environnement*, publié sur le site EchoSciences Grenoble le 17 septembre 2019.
19. Jacques MONOD, *Le Hasard et la Nécessité*, coll. « Points. Essais », Paris, Seuil, 1970.
20. Jean-Pierre CHANGEUX, *L'Homme neuronal*, Paris, Fayard, 1983.
21. Jean-Didier VINCENT, *Biologie des passions*, Paris, Odile Jacob, 1986.
22. *Mon Oncle d'Amérique*, film d'Alain Resnais (1980) inspiré des travaux du neuropsychiatre et philosophe Henri Laborit.
23. Henri LABORIT, *L'Homme imaginant*, Paris, 10/18, 1993.
24. Henri LABORIT, *Dieu ne joue pas aux dés*, Paris, Grasset, 1987.
25. Arthur RIMBAUD à Paul Demeny, « Lettre du voyant », 15 mai 1871.

26. Paul Nizzan, *Les Matérialistes de l'Antiquité, op. cit.*
27. Erwin Schrödinger, *Qu'est-ce que la vie ?, op. cit.*
28. « *About Life Detection* », sur le site Internet Astrobiology at NASA Life in the Universe.
29. Stuart John Bartlett, Michael L. Wong, « *Defining Lyfe in the Universe: From Three Privileged Functions to Four Pillars* », *Life*, vol. 10, n° 4, 2020, p. 42.
30. Michel Henry, *La Barbarie*, Paris, Grasset, 1987 ; *C'est moi la Vérité*, Paris, Seuil, 1996 ; *Incarnation : Une philosophie de la chair*, Paris, Seuil, 2000.
31. Thierry Hoquet, *Le Nouvel Esprit biologique*, Paris, PUF, septembre 2022.
32. Marcel Hibert, *Ocytocine mon amour*, Paris, humenSciences, 2021.
33. Claus Wedekind, « *A predicted interaction between odour pleasantness and intensity provides evidence for major histocompatibility complex social signalling in women* », *Proceedings of the Royal Society B*, vol. 285, n° 1878, 2018, 20172714.
34. Marcel Hibert, *Ocytocine mon amour, op. cit.*
35. https://www.orpha.net/consor4.01/www/cgi-bin/Disease.php?lng=FR
36. Marcel Hibert, *Ocytocine mon amour, op. cit.*
37. https://fr.wikipedia.org/wiki/%C3%89pig%C3%A9n%C3%A9tique
38. Daniel Choquet, *Mémoire*, vidéo CNRS, 26 juillet 2022 : https://www.youtube.com/watch?v=hiKT3A_H0PE
39. Simon Bailly, Audrey Dussutour, *Moi le blob, op. cit.*
40. Erwin Schrödinger, *Qu'est-ce que la vie ?, op. cit.*
41. Michel Eyquem de Montaigne, *Essais*, tome II, chapitre 12, 1595.

42. Louis Aragon, *Le Fou d'Elsa,* coll. « NRF », Paris, Gallimard, 1963.
43. Platon, *Le Banquet.*
44. Jean-Didier Vincent, *Biologie des passions, op. cit.*
45. Marcel Hibert, *Ocytocine mon amour, op. cit.*
46. Emil Cioran, *De l'inconvénient d'être né,* Paris, Gallimard, 1973.
47. Marcel Hibert, *Ocytocine mon amour, op. cit.*
48. Michel Eyquem de Montaigne, *Essais,* tome I, chapitre 28, « De l'amitié », 1595.
49. Helen Fisher, *Why We Love: The Nature and Chemistry of Romantic Love,* New York, Henry Holt, 2004. Traduction d'Anatole Muchnik, *Pourquoi nous aimons ?,* Paris, Robert Laffont, 2006.
50. Dirk Scheele, Nadine Striepens, Onur Güntürkün, Sandra Deutschländer, Wolfgang Maier, Keith M. Kendrick, René Hurlemann, « *Oxytocin Modulates Social Distance between Males and Females* ». *Journal of Neuroscience,* vol. 32, n° 46, 2012, p. 16074-16079.
51. Louis Aragon, « Il n'y a pas d'amour heureux », *La Diane française,* 1944.
52. Henri Laborit, *Éloge de la fuite,* coll. « Folio Essais », Paris, Gallimard, 1985.
53. Ovide, *Remèdes à l'amour,* Paris, 1001 Nuits, 1997.
54. Charles Baudelaire, « La mort des amants », *Les Fleurs du mal, op. cit.*
55. Jean-Jacques Rousseau, *Les Confessions,* Paris, H. Launette, 1889, tome I.
56. Paul Nizzan, *Les Matérialistes de l'Antiquité, op. cit.*
57. Code sanitaire pour les animaux terrestres, Organisation mondiale de la santé animale, 2008.

58. Erwin SCHRÖDINGER, *Qu'est-ce que la vie ?, op. cit.*
59. Boris VIAN, *L'Écume des jours,* Paris, Gallimard, 1947.
60. Tao XU, *et al.*, « *Molecular mechanism and therapy application of necrosis during myocardial injury* », *Journal of Cellular and Molecular Medicine,* vol. 22, n° 5, 2018, p. 2547-2557.
61. Charles BAUDELAIRE, « Une charogne », *Les Fleurs du mal, op. cit.*
62. *Soleil vert* (*Soylent Green*) est un film américain réalisé par Richard Fleischer, sorti en 1973.
63. Bill BASS, Jon JEFFERSON, *Death's Acre: Inside the Legendary "Body Farm"*, Londres, Time Warner, 2003.
64. Emil CIORAN, *Précis de décomposition,* coll. « Folio Essai », Paris, Gallimard, 1949.
65. Charles BAUDELAIRE, « Une charogne », *op. cit.*
66. *Ibid.*
67. *Ibid.*
68. *Ibid.*
69. Marc GOZLAN, « Des chats errants charognards de cadavres humains », Réalités biomédicales, 2 octobre 2024.
70. Charles BAUDELAIRE, « Une charogne », *op. cit.*
71. Alyson WILSON, *et al.*, « *Evaluating the utility of time-lapse imaging in the estimation of post-mortem interval: An Australian case study* », *Forensic Science International: Synergy,* vol. 1, n° 308, 2019, p. 204-210.
72. Charles BAUDELAIRE, « Une charogne », *op. cit.*
73. *Ibid.*
74. Antoine LAVOISIER, *Traité élémentaire de chimie,* Paris, Cuchet, 1789, p. 140-141.
75. Isabelle DUQUESNOY, *L'Embaumeur, ou l'odieuse confession de Victor Renard,* Paris, La Martinière, 2017.

76. Voir l'article consacré à Jean-Nicolas Gannal sur Wikipédia.
77. Charles Baudelaire, « Le mort joyeux », *Les Fleurs du mal, op. cit.*
78. Charles Baudelaire, « Une charogne », *op. cit.*
79. « *Little boxes* », chanson folk américaine écrite et composée par Malvina Reynolds en 1962, reprise en français par Graeme Allwright, label UMI.
80. https://www.obseques-organisation.com/fr/autour-des-obseques/actualites-du-monde-du-funeraire/item/619-a-quoi-ressembleront-les-cimetieres-du-futur.html
81. https://www.capsulamundi.it/en/
82. https://www.afif.asso.fr/francais/conseils/legislation/concessions.html
83. https://books.openedition.org/editionscnrs/9340?lang=fr
84. Paul Verlaine, « Chanson d'automne », *Poèmes saturniens*, 1866.
85. http://europe-metal-concept.com/
86. https://www.resonance-funeraire.com/formation/5222-ortho-metals-un-metier-collecter-et-recycler-en-toute-transparence
87. Charles Baudelaire, « Une charogne », *op. cit.*
88. Arthur Rimbaud, *Le Bateau ivre*, 1871.
89. Charles Baudelaire, « Une charogne », *op. cit.*
90. Clément Rosset, *Le Réel et son double*, coll. « Folio Essais », Paris, Gallimard, 1973.
91. Clément Rosset, entretien dans *Le Monde de l'éducation*, n° 275, novembre 1999.
92. Friedrich Nietzsche, *Ecce homo, op. cit.*
93. René Char, *Le Poème pulvérisé*, Paris, Fontaine, 1947.
94. Jean-Claude Carrière, *Le Mahabharata*, Paris, Pocket, 2001.

Glossaire à lire (ou pas)

Acide aminé : molécule possédant une fonction chimique acide, -COOH, et une fonction chimique amine, $-NH_2$, sur son squelette carboné.

Acides nucléiques : l'ARN et l'ADN, sous leurs diverses formes. Ces molécules sont composées de nucléotides, c'est-à-dire d'éléments associant un glucide et une base aromatique, reliés par un phosphate.

Adrénaline : neurotransmetteur et hormone. Elle contrôle la fréquence cardiaque, la pression artérielle et la dilatation des bronches. Elle est souvent sécrétée en préparation d'un effort physique ou en réaction à une émotion.

Aldostérone : hormone synthétisée dans la glande surrénale et permettant notamment de réabsorber le sodium et d'éliminer le potassium.

Angiotensine : hormone provoquant notamment la constriction des parois musculaires des petites artères, augmentant ainsi la pression artérielle.

Apéline : hormone et neurotransmetteur impliqué dans le transport du sucre du sang vers les cellules, ainsi que dans les fonctions cardiaques, digestives ou encore vasculaires, avec un rôle hypotenseur.

Apoptose : mort cellulaire programmée en réponse à un signal.

Axone : partie longiligne de la cellule nerveuse qui conduit le signal électrique du corps cellulaire où se situe le noyau vers les terminaisons synaptiques.

Basique : un milieu peut être acide, basique ou neutre en fonction de son acidité, c'est-à-dire de la présence de protons libres. À titre d'exemple, le vinaigre est acide, la soude est basique.

Catalyse : accélération ou ralentissement d'une réaction chimique sous l'effet d'une substance (catalyseur) qui ne subit elle-même aucune transformation.

Chiralité : propriété de tout objet asymétrique qui, de ce fait, ne sera pas superposable à son image dans un miroir.

Cholestérol : molécule de la famille des terpènes de formule brute $C_{27}H_{46}O$. Elle est très présente dans les membranes cellulaires et dans d'autres compartiments du corps, où elle contribue souvent à la stabilité d'architectures moléculaires.

Cortisol : hormone du stress physique ou émotionnel.

Cytoplasme : contenu aqueux d'une cellule comprise entre la membrane extérieure et le noyau.

Cytosquelette : réseau de fibres à l'intérieur de la cellule, lui conférant sa structure dynamique et ses propriétés mécaniques. Il est composé de filaments souples d'actine polymérisée, de petits filaments dits « intermédiaires » et de microtubules rigides.

Dopamine : neurotransmetteur présent dans le cerveau et d'autres organes, impliqué notamment dans le système de récompense, l'addiction, le plaisir et diverses fonctions périphériques.

Enantiomères : deux formes possibles pour une molécule et celle correspondant à son image dans un miroir.

Endorphine : neurotransmetteur ayant des propriétés analgésiques et pouvant donner une sensation de bien-être, voire d'euphorie.

Entropie : terme qui caractérise le niveau de désorganisation, ou d'imprédictibilité du contenu en information d'un système.

Enzyme : protéine capable de lier une ou plusieurs molécules dans une de ses concavités et de favoriser une réaction chimique entre elles. On parle de catalyseur, puisque l'enzyme elle-même n'est généralement pas modifiée chimiquement et peut enchaîner d'innombrables cycles. Chaque enzyme est spécialisée pour reconnaître un substrat particulier et effectuer une réaction chimique donnée. Le nom de ces enzymes est une combinaison d'un préfixe correspondant à la réaction chimique et d'un suffixe « -ase ». Une oxydase oxyde, une hydrolase hydrolyse, etc.

Épigénétique : discipline qui étudie les mécanismes modifiant de manière réversible, transmissible (lors des divisions cellulaires) et adaptative l'expression des gènes sans en changer la séquence nucléotidique (ADN).

Épigénome : ensemble des gènes plus ou moins modifiés biochimiquement de manière spécifique à chaque type de cellule, de manière naturelle ou sous l'action de l'environnement.

Extrêmophile : cellules ou organismes vivant dans des conditions extrêmes de température, d'hydratation, de pression, de composition de l'environnement.

Globine : protéine très abondante dans le sang. Elle sert notamment au transport d'autres molécules. Associée à un complexe de fer, l'hème, elle constitue l'hémoglobine qui transporte l'oxygène et le gaz carbonique dans les globules rouges.

Glucides : famille de molécules organiques contenant une fonction carbonyle et des fonctions hydroxyles. Elles sont le plus souvent sous forme cyclique, unique ou associant plusieurs motifs de ce type. On utilise encore abusivement, pour les nommer, les termes d'« hydrates de carbone » ou de « sucres ». Ils sont notamment une source importante d'énergie. Le glucose, le sucre de table, est un glucide simple ; la cellulose est un glucide très complexe.

Glucose : molécule de formule brute $C_6H_{12}O_6$ appartenant à la famille des glucides. C'est le constituant du sucre.

Glycolyse : processus d'assimilation et de transformation du glucose et de production d'énergie.

Hème : molécule encastrée dans l'hémoglobine et contenant un atome de fer pouvant fixer soit de l'oxygène, soit de l'oxyde de carbone.

Hémoglobine : association de quatre protéines présentes plus particulièrement dans les globules rouges où elles assurent la fixation et le transport de l'oxygène et du CO_2.

Histone : protéine localisée dans le noyau des cellules et servant de support à l'enroulement de l'ADN.

Hormone : molécule fabriquée par une glande ou un tissu du corps et qui, transportée par le sang, va transmettre une information à un autre endroit en se fixant sur un récepteur spécifique.

Insuline : hormone secrétée par le pancréas avec un effet important sur le métabolisme des glucides, des lipides et des protéines en favorisant l'absorption du glucose présent dans le sang.

Lipides : groupe de molécules de structures très diverses présentes dans les organismes vivants, avec un caractère très hydrophobe, c'est-à-dire une insolubilité dans l'eau. Par exemple, le cholestérol, les acides gras, les huiles sont de nature lipidique.

Métabolome : ensemble des métabolites présents dans une cellule, un tissu, un organisme.

Microbiote : ensemble des micro-organismes peuplant le système digestif.

Morphogénèse : ensemble des lois ou des mécanismes qui déterminent la forme, la structure des tissus, des organes et des organismes.

Neurone : cellule nerveuse transférant un message électrique d'un point à un autre.

Neurotransmetteur : molécule sécrétée par un neurone et allant se fixer sur un récepteur spécifique situé sur un neurone ou un tissu adjacent pour transmettre un signal.

Nucléotides : molécules qui constituent des acides nucléiques. Ils sont composés de trois parties : une base azotée, un pentose et un groupement phosphate.

Ocytocine : hormone et neurotransmetteur agissant sur de multiples fonctions telles que l'accouchement, l'affiliation, la formation du lien social, l'attachement amical et amoureux.

Œstrogène : hormone sexuelle femelle.

Peptide : molécule formée d'un enchaînement d'acides aminés. On réserve ce terme aux chaînes courtes de 2 à 20 éléments environ. Au-delà, on parlera de protéine.

pH : unité de mesure de l'acidité d'une solution. Une valeur de 7 correspond à un milieu neutre, ni acide ni basique. Les pH inférieurs correspondent à des acidités croissantes.

Phénotype : ensemble des traits observables d'un organisme ou d'un individu.

Phéromone : hormone dont la fonction principale et l'attraction d'individus de sexe opposé.

Phospholipides : molécules composées d'un dérivé de phosphate et d'une longue chaîne d'atomes de carbone. Ce sont notamment les constituants des membranes cellulaires.

Photosynthèse : processus de transformation de l'énergie lumineuse en énergie chimique sous forme moléculaire, c'est-à-dire que l'énergie lumineuse est mise en réserve dans les liaisons chimiques d'un composé. Dans la nature, ce composé est le glucose. Ce phénomène s'accompagne de l'absorption de dioxyde de carbone (CO_2) et de production d'oxygène (O_2).

Propriocepteur : récepteur sensoriel qui reçoit des stimuli internes au corps, en particulier ceux qui indiquent la position du corps dans l'espace et le mouvement. De manière plus générale, leur activation permet la perception physique de soi.

Protéine : très grosse molécule constituée d'une longue chaîne d'acides aminés attachés les uns aux autres par des liaisons amides. Cette chaîne se replie sur elle-même selon une géométrie propre à chaque protéine, ce qui lui confère une forme dont dépend sa capacité à se lier spécifiquement avec d'autres molécules pour exercer son action.

Protéome : ensemble des protéines d'une cellule, d'un tissu, d'un individu.

Récepteur : protéine sur laquelle va se fixer réversiblement un neurotransmetteur ou une hormone pour transmettre un message moléculaire.

Ribosome : agrégat très précis de protéines qui décode l'information génétique transcrite en ARN messager (ARNm) pour synthétiser toutes les protéines qui assurent les fonctions essentielles des cellules.

Sérotonine : neurotransmetteur agissant sur plusieurs fonctions telles que l'anxiété, la dépression, le bien-être.

Synapse : espace très étroit situé entre deux cellules nerveuses et assurant la transmission des informations de l'une à l'autre par l'intermédiaire de neurotransmetteurs largués en amont et se fixant en aval sur leurs récepteurs.

Testostérone : hormone qui contribue à l'excitation sexuelle de l'homme, l'érection, l'éjaculation.

Vasopressine : hormone et neurotransmetteur contribuant à l'équilibre hydrique du corps (*via* les récepteurs V_2R) et à la modulation du stress et des interactions sociales (*via* les récepteurs $V_{1A}R$, $V_{1B}R$ et OTR).

Table des matières

Retrouvez notre actualité et l'intégralité
de notre catalogue sur notre site
www.tana.fr
et rejoignez-nous sur les réseaux sociaux

@tanaeditions

Tana Editions

Achevé d'imprimer en janvier 2025
par Normandie Roto Impression s.a.s.
N° d'impression : 2405498

#lisez! engagé
www.lisez.com
Pour plus d'information :
Imprimé sur du papier issu de forêts gérées durablement.